112

Merve Verlag

Jean Baudrillard

Laßt euch nicht verführen!

Aus dem Französischen übersetzt
von Martin S. Leiby

Merve Verlag Berlin

Postfach 327. Printed in Germany. Druch und Bindearbeiten: Dressler, Berlin. Umschlagentwurf: Jochen Stankowski, Köln.

ISBN-Nr. 3-88396-032-2

DER TEUFEL DER LEIDENSCHAFT

Ich weiß nicht, was ich über die Liebe sagen soll, denn ich kann alles und nichts sagen. Die Liebe existiert, das ist aber auch alles. Man liebt seine Mutter, Gott, die Natur, eine Frau, kleine Vögel, Blumen: dieser zum Leitmotiv unserer gesamten, durch und durch sentimentalen Kultur gewordene Begriff ist nicht nur das pathetischste und bedeutungsschwerste, sondern auch gleichzeitig das schwammigste Wort unserer Sprache. Verglichen mit dem Kristallzustand der Verführung ist die Liebe eher eine Art flüssige Form, nämlich eine Gaslösung. In und durch die Liebe ist alles (auf)lösbar. Als (Auf)Lösung aller Dinge in einer begeisterten Harmonie stellt die Liebe eine Art universelle, unübertreffbare Antwort dar; die Hoffnung auf eine Welt von idealen Gemeinschaftsbeziehungen. Haß trennt, Liebe vereint. Der Eros schafft und fördert Verbindungen, Affekte, Projektionen und Identifikationen. "Liebt einander!" Wer hätte jemals sagen können: "Verführt einander!"

Ich bevorzuge die Form der Verführung, denn sie geht von einer rätselhaften dual/duellhaften Beziehung, einer werbenden, starken und geheimnisvollen Anziehung zwischen den Lebewesen und Dingen aus. Sie ist keine Form der Antwort, sondern eine Herausforderung, ein Duell, eine geheime Distanz und ein ständiger Antagonismus, worauf auch die Spielregeln basieren - ich ziehe diese Form der Verführung mit ihrem Pathos der Distanz der universellen

Form der Liebe in ihrem pathetischen Verständnis von Aneinanderklammern vor. (Heraklit: Das Werden gründet in dem Antagonismus zwischen den Elementen, Lebewesen und Göttern, wodurch ihnen auch die Möglichkeit zum Spiel und zur gegenseitigen Verführung eröffnet wird - also kein universelles Fluidum, keine Liebesduselei; die Götter bekriegen und verführen sich gegenseitig. Indem das Christentum die Liebe zum Schöpfungsprinzip erklärte, wurde diesem großen Spiel ein Ende bereitet.)

Ich hielt es daher für möglich über die Verführung zu sprechen, zumal sie eine dual/duellhafte und intelligible Form ist, im Gegensatz zur Liebe, die sich durch eine individuelle, universelle und inintelligible Form auszeichnet. Vielleicht verdient sogar einzig die Verführung den Namen 'Form', während die Liebe gar keine ist: sie ist diffuse Metapher für einen Rückfall der Menschen in Individuation und Subjektivität; Ausdruck des Verlusts an antagonistischer Einzigartigkeit und dualer Intensität; an ihre Stelle tritt die Erfindung einer allgemeinen Form von Versöhnung, d.h. einer positiven Energie, die die Menschen zusammenführt - welch' göttliche Vorsehung, welches große Wunder des Willens und der Vorstellung sollte die Menschen eigentlich dazu bringen, sich zu lieben? - auf welcher verrückten Vorstellung beruht eigentlich das "Ich liebe Dich, ich liebe Sie, die Leute lieben sich, wir lieben uns..."? Hier haben wir es mit einem Wunschtraum nach Harmonie und Einklang zu tun - das Produkt einer reinen Fantasmagorie, nämlich eines universellen Prinzips von Anziehung und Gleichgewicht.

Subjektive Fantasmagorie, Wunschtraum, moderne Leidenschaft par excellence.
Wo es weder Spiel noch Regeln gibt, müssen eben ein Gesetz und ein Affekt her, eine allgemeine Verteilungs- und Integrationsform, eine die Trennung zwischen Körper und Geist überwindende und jedem verfügbare Heilsform, vor der alle gleich sind und die dem Haß, der Prädestinierung, den Benachteiligungen und dem Schicksal ein Ende bereitet: genau so sieht unser Evangelium der Sentimentalität aus, das in der Tat den Tod des Schicksals der Verführung sowie das Ende der Verführung als Schicksal bedeutet.
Diese Erhebung der Liebe zu einer göttlichen Gesetzesinstanz, zu einer ethischen Form universeller Erfüllung, deren letztes Aufleuchten noch unsere Liebessentimentalität beleuchtet (die Liebe muß immer noch überall als moralische Glücksrechtfertigung herhalten), diese Inthronisation stellt die Verführung in ein vages unmoralisches Licht; man akzeptiert sie nur dann, wenn sie ein Spiel bleibt, eine Form des Vorspiels zum eigentlichen Liebesakt (bei den Tieren als Vorspiel zur Fortpflanzung). Die Liebe bleibt die einzige, seriöse und erhabene Finalität, das einzig Absolute, die einzig mögliche Absolution in einem unmöglichen Universum. Jegliche Anwandlung, der Verführung andere Gütezeichen zu verleihen, ist unmöglich angesichts der für die Liebe typischen Mechanismen der Sublimation und der Idealisierung. Die Verführung verfügt über kein Modell, sie kann sich nicht verabsolutieren, da sie an die Fragilität des Scheinhaften gebunden ist - sie sucht auch keine Heils- oder

Glücksform, sondern tendiert eher dazu, sich aufzulösen: sie ist also unmoralisch, vor allem aber gehorcht sie keiner Tauschmoral; sie hat den Status eines Bündnisses, einer Herausforderung und einer Allianz, die keine universellen und natürlichen, sondern künstliche und initiierende Formen darstellen. Sie ist daher echt pervers. In der heutigen Situation ist es schwierig, diese Rollenverteilung zu Gunsten der Liebe anzufechten.
Das Ganze wird noch komplizierter, wenn man mit den Begriffen spielt und sie vertauscht. Da Verführung und Liebe keine präzisen Begriffe sind (sie haben nicht einmal in den großen Deutungssystemen wie z.B. der Psychoanalyse Platz), lassen sie sich gegenseitig vertauschen. Genau das tat Robert Maggiori* (*Libération*) in einer Diskussion, als ich Verführung und Sexualität miteinander konfrontierte. Mehr noch als die Liebe hat die Sexualität das banale Nahziel der Lust und Befriedigung, im Gegensatz zur Verführung, die eine Herausforderung, ein unbegrenztes Spiel, einen ständigen, rituellen Austausch, eine unbegrenzte Steigerung, eine geheime Komplizität etc. impliziert. - Darauf reagiert Maggiori folgendermaßen: "Aber ist die so definierte Verführung nicht ganz einfach ein anderes Wort für die Liebe?" Ich versuche jedoch, gerade auch in historischer Hinsicht an dieser Unterscheidung festzuhalten: In unserer Kultur erlebte die Verführung zwischen der Renaissance und dem 18. Jahrhundert eine Art Goldenes Zeitalter. Sie stellt dabei (wie die Höflichkeit und die Hofsitten) eine konventionelle, aristokratische Form dar, ein strategi-

*siehe in diesem Band S. 127ff. (A.d.Ü.)

sches Spiel, ohne besonderen Bezug zur Liebe. Diese hat für uns letztlich eine andere, nämlich romantisch-romaneske Färbung: sie ist nicht mehr Spiel und Zeremoniell, sondern eine Leidenschaft, eine Fatalität, ein Diskurs. Dieses leidenschaftliche Begehren kann sich sogar bis zur Todessehnsucht steigern: aber dies hat nichts mit der Verführung zu tun. Gewiß, die Liebe hatte höfische Zeremonieformen und in der Mittelmeerkultur des 13. Jahrhunderts auch noch eine Form des Spiels. Doch in unserem Verständnis definiert sie sich im wesentlichen erst im Übergang vom 18. zum 19. Jahrhundert als Gegenpart zur Verführung, d.h. zum oberflächlichen Spiel der Verführung. Der Bruch zwischen dem dual/duellhaften, strategischen Spiel der Verführung und einer individuellen Finalität, nämlich Erfüllung und Befriedigung, vollzog sich (im 19. Jahrhundert) mit dem Aufkommen und der Anwendung des Triebkonzepts, sei es nun auf individueller oder gesellschaftlicher Ebene. Was es auch immer mit dieser Konstellation auf sich haben möge, eines ist klar: das Ganze hat nichts mehr mit dem aristokratischen Spiel der Herausforderung und Verführung zu tun.

Darauf antwortet mir Maggiori: "Ich bin nicht ganz damit einverstanden. Ich habe sogar den Eindruck, daß man den Spieß umdrehen und in der Liebe eine größere Herausforderung als in der Verführung sehen könnte. Die Liebe ist nur dann einfach 'Erfüllung', wenn sie in ihrer narzißstischen Version verstanden wird, d.h.: 'ich liebe den anderen, weil er mir ähnlich ist, also verdopple ich mich; ich liebe den anderen, weil er das Gegenteil von mir ist, also vervollständige ich mich.' Nun kann man aber die Liebe auch als unentgeltliche Begeisterung für den anderen ansehen, die nicht auf eine Antwort wartet; als Herausforderung, die den anderen dazu bringt, mich mehr zu lieben als ich ihn liebe, kurz: als unbegrenzte Steigerung. Die Verführung kann dagegen auch Mittel zum Zweck sein, eine Taktik, die den anderen in die Enge treiben' will." Gegen diese Begriffsvertauschung gibt es nichts einzuwenden. Verführung und Liebe lassen sich in ihren sublimsten und vulgärsten Formen vertauschen - wodurch jedoch praktisch jede Diskussion darüber unmöglich wird. Und damit kommen wir nun zum Ausgangspunkt zurück.

Nehmen wir einmal eine konkrete, aktuelle Situation: Der Wiederbelebungsversuch einer bestimmten Form von Liebesrhetorik. Aber Vorsicht: man muß sehen, was bei diesem revival eben nur revival oder survival ist, d.h. die Wirkung von Liebessimulation, wie die durch Mangel, Langeweile und Sättigung hervorgerufene Reaktivierung von Gefühl und Leidenschaft. Die 'amour fou', die 'amour-passion' ist eh schon als heroischer und erhabener Gefühlsaudruck tot. Heute ist etwas anderes im Spiel, nämlich ein *Verlangen* nach Liebe, Gefühl und Leidenschaft; nach Übergang in eine Epoche, in der diese Bedürfnisse bereits in aller Grauenhaftigkeit spürbar sind. Die Generation, die die sexuelle Befreiung, das Begehren und die Lust in allen Formen durchgemacht hat, ist jetzt sexmüde und gibt sich nun wieder verliebt! - aber Vorsicht: die

Liebe erscheint bei ihr lediglich als gefühls- und affektmäßiger Zusatz, nicht als Leidenschaft oder Schicksal. So erlebten es nämlich auch andere, romantische und postromantische Generationen. Die unsrige ist lediglich eine neo-romantische Neu-Auflage.
Nach soviel sexuellem Pathos nun also das Neo-Pathos der Liebesbeziehung und des Liebesanspruchs. Nach der Trieb- bzw. Libidorhetorik nun die Neo-Romantik der Leidenschaft. Es heißt jetzt nicht mehr: "Befreit euch sexuell!", sondern: "Laßt euren Gefühlen und Liebesmöglichkeiten freien Lauf!" Die Liebe gewinnt wieder an Attraktivität (wie zuvor bei einer gewissen Form von Leidenschaft und Verführung), allerdings nun von jeglicher ihr vorher anhaftenden Prädestinierung und Fatalität entlastet: es geht lediglich darum, eine zusätzliche Potentialität freizusetzen, und, nach einer so langen Phase von "repressiver Entsublimierung", wie Marcuse sagen würde, den Weg zu einer progressiven Resublimierung zu bahnen.
Wir erleben auf der sexuellen und gefühlsmässigen Ebene einen ähnlichen Wiederbelebungsversuch wie auf theoretischer und politischer Ebene: die Neuen Philosophen mobilisieren Begriffe wie Dissidenz, Menschenrechte und eine nostalgische Vorstellung über Gesetz, Individuum und Religion gegen den terroristischen und totalitären Staat etc... Wir erleben einen Paradigmenwechsel: weg von Sex(ualität) und der Ideologie der Produktionsverhältnisse. Das war wohl zu simpel. Es ist nie zu spät, um Freud und Marx zu überwinden.

Es gibt da also nun eine Form der Liebe, die nur den Abschaum einer Sexkultur darstellt, und man darf sich im Hinblick auf diese neue Stimmung keinen allzu großen Illusionen hingeben, genauso wenig wie bei einem gewissen, heute wieder aufblühenden Typ von Verführung. Wenn eine Unterscheidung zwischen den "edlen" Formen der Liebe und der Verführung oft schwierig ist, dann muß gerade an der analytischen Differenz zwischen ursprünglichen Formen und Simulationsformen festgehalten werden. Diese Formen lassen sich daran erkennen, daß es keine Gegensätze mehr zwischen ihnen gibt, so daß Sex(ualität), Liebe, Verführung, Perversion, Pornographie, alle auf demselben libidinös besetzten Band nebeneinander bestehen, wie auf einem alles aufnehmenden Stereoband oder wie auf einer geometrisch variablen Spur, jeweils mit dem uneingeschränkten Segen der Psychoanalyse. Da haben wir nun das neo-romantische Konzert: man fügt dem Sex ganz einfach eine Prise Liebe, Leidenschaft und Verführung bei; genauso hat man es vorher auch schon mit einem Schuß Arbeitspsychologie und konzertierter Aktion am Fließband versucht.
Diese Lage ist deshalb interessant, weil sie ein Symptom ist für die Kurzatmigkeit der sexuellen Befreiung, für die Sattheit und das Ende dieser Wahrheit; Symptom für die gesamte obszöne Konstellation, in der sich Geschlecht und Sexualität befinden (obszön nicht etwa aufgrund der Präsentierung des Geschlechts an sich, sondern weil die Wahrheit eben obszön ist, wenn sie ausgesprochen und offenbart wird.)

Wir haben den Zyklus der Sexualität und des Begehrens als Wahrheit ganz durchlaufen. Das ermöglicht uns wieder einmal eine Rückkehr auf frühere, alternative Formen, deren Profil (und Reiz) durch die Vormachtstellung der Sexualität beseitigt waren.

Wieder einmal weiß ich nicht mehr, wo ich anfangen soll. Es ist wahrscheinlich ein absurdes Unterfangen, wieder auf eine Art Genealogie oder Hierarchie aller Aspekte von Verführung, Leidenschaft, Liebe, Begehren, Geschlecht und Sexualität hinaus zu wollen, aber es ist doch letzthin für uns der einzige Weg, wenn wir nicht in einer mehr oder weniger romanesk-sentimentalen Psychologie verharren wollen, die zudem noch in den Fängen überholter Metaphysiken des 19. Jahrhunderts steht (so wie die Liebe im allgemeinen).
Die Verführung ist heidnisch, die Liebe christlich. Christus war der erste, der lieben und geliebt werden wollte. Die Religion wird zum Gefühl, zum Leiden und zur Liebe, um die sich die anderen archaisch-antiken Kulturen und Mythologien nicht kümmern; für diese Kulturen besteht die Macht und Beherrschbarkeit der Welt im Spiel der Erscheinungen und Zeichen, in den von ihnen vorgeschriebenen zeremoniellen Regeln, d.h. in den verführerischen Formen par excellence. Es gibt also dabei kein Gefühl, keine Liebe, keine göttliche und natürliche Kraft, auch kein Bedürfnis nach Psychologie und keine subjektive Innerlichkeit, die den Mythos von der Liebe nähren könnte. (Wenn man aber die Verführung in

der christlichen Version nimmt, ändert sich die Perspektive: die Verführung beginnt mit dem Christentum; sie ist der diabolische Zauber, der die göttliche Ordnung aufbrechen will - oder aber es ist, mit Nietzsche, Christus selbst, der daherkommt, um die Leute für sich zu begeistern und durch Psychologie und Liebe zu pervertieren. Als Gegenbeispiel bietet sich Griechenland an, wo es keine Verführung gibt, wo die Liebe homosexuell und pädagogisch ist. Sie stellt eine Tugend und keine Leidenschaft dar.) Es gibt nur das Ritual, d.h. die Ordnung der Verführung. Die Liebe kommt in gewisser Hinsicht erst mit der Zerstörung ritueller Formen auf: sie gewinnt übrigens ihre Energie aus der Auflösung dieser Formen, sie ist eine Art Dissolutionsenergie der Verführung, die deshalb die stärkste und intensivste Form bleibt, weil sie als potentiell nicht freigesetzte Energie in einen strengen und genauen Zyklus eingebunden ist. Eine grausame, archaische und hieratische Form; rein rekursiv funktionierende Zeichen, die im buchstäblichen Gegensatz zur Realität der Welt stehen. Die Beherrschbarkeit des Scheinhaften, ohne Psychologie, Gefühl und Liebe. Diese Kulturen besaßen eine maximale Intensität, in denen die Liebe und ihre gesamte Heilsmetaphysik wie aus einer Art Dekompression, Dekompensation und Diffusion von bis dahin geheimen, intensiven und anspruchsvollen Formen hervorgingen; die Liebe ist hier also eine proselytische, extensiv-exoterische Energie, während das Ritual eine esoterische Energie ist. Die Liebe ist Gefühlsausdruck, Wärme, Bekenntnis, Kommunikation; Übergang

von einem potentiell konzentrierten Energiestadium zu einem Stadium frei strömender Energie, und somit zu einem endemisch-degradierten Zustand. Sie wird also zum Ferment einer demokratischen Volksreligion, im Gegensatz zu den durch eine Regel bestimmten hierarchischen und aristokratischen Ordnungen.
Die Liebe stellt daher das Ende der Regel und den Anfang des Gesetzes dar. Der Anfang einer Störung, bei der die Dinge sich über ein affektives Gleichgewicht, gefühlsmäßige Besetzungen, d.h. einem sinnträchtigen Gehalt ordnen und nicht mehr vermöge eines Zeichenspiels mit einem leichteren, flexibleren und oberflächlicheren Gehalt. Gott wird die Seinen lieben, was er vorher niemals getan hatte,und die Welt wird kein Spiel mehr sein. Das haben wir also alles geerbt - und eigentlich ist die Liebe lediglich die Folge dieser Störung, dieser Auflösung der Regeln und eines geregelten Universums,die Auflösung der durch diese Spaltung freigesetzten Energie. Das Spiel bleibt die der Liebe entgegengesetzte Form, es stellt den Raum für die Erfindung und Befolgung von Regeln dar - ein intensiver, nicht-psychologischer, der weltlichen Realität entgegengesetzter Raum, wo die Leidenschaft bekanntlich den Raum der Liebe (einschließlich der Verführung) dominiert: die Liebe verschwindet überall dort, wo wieder nur Regeln und Spiel erfunden werden. Im Vergleich zu der geregelten und äußerst konventionellen Intensität des Spiels oder der Zeremonie präsentiert sich die Liebe eher als ein

frei zirkulierendes Energiesystem. Sie ist also auch als existentielle Leidenschaft, mit der gesamten positiven Ideologie ihrer Befreiung und freien Zirkulation beladen; die Liebe ist das Pathos der Moderne.

Das Merkmal einer universellen Leidenschaft wie der Liebe ist, daß sie individuell ist,d.h. jeder ist auf sich allein gestellt. Die Verführung hat dagegen einen dualen Charakter: ich kann nur verführen, wenn ich schon verführt bin, und niemand kann mich verführen, ohne selbst schon verführt zu sein. Die beiden Akteure sind unmittelbar betroffen,sonst gäbe es nämlich keine Verführung. Ich kann nicht ohne den anderen spielen, das ist die grundlegende Spielregel, aber sehr wohl ohne Gegenpart lieben. Wenn ich liebe, ohne geliebt zu werden , ist das mein Problem. Wenn ich dich nicht liebe, ist das dein Problem,und wenn jemand mir nicht gefällt, ist das (ebenfalls) sein Problem. Die Liebe ist deshalb eine eifersüchtige Leidenschaft, weil sie eine subjektive Besetzung ist; die Eifersucht ist eine natürliche Dimension der Liebe und hat nichts mit der Verführung zu tun, die eher eine Herausforderung darstellt: die Herausforderung nimmt jedem seine Subjektivität und macht einen von jeglicher Eifersucht frei. In der dualen Beziehung gibt es eben gerade keinen Dritten. Du forderst den anderen heraus, ohne ihn dabei persönlich einengen zu wollen. In der Herausforderung konzentriert sich das größtmögliche Risiko, wobei es aber keine äussere Bedrohung mehr gibt. Im Moment der Verführung konzentriert sich die größtmögliche Faszination; es gibt keine äußere Grenze.

Die Liebe impliziert im Gegensatz dazu immer etwas Territoriales und Exklusives. Jemanden zu lieben bedeutet, ihn von der Welt zu isolieren, seine Spuren zu verwischen, ihm seinen Schatten zu nehmen und ihn einer mörderischen Zukunft auszuliefern. Es bedeutet, wie bei einem erloschenen Stern um ihn herumzukreisen und ihn im schwarzen Licht zu absorbieren. Alles spielt sich im Rahmen eines ungeheuren, an irgendeinen Menschen gestellten Exklusivitätsanspruchs ab. Die Liebe ist genau dann eine Leidenschaft, wenn ihr Objekt als Idealziel verinnerlicht wird. Wir wissen, daß dieses Objekt nur dann ein ideales Objekt ist, wenn es tot ist. Genau das versucht die Eifersucht, eine Leidenschaft, bei der jeglicher Hauch von Verführung verschwunden ist. (Ich will nicht behaupten, daß die Liebe nichts anderes als Eifersucht sei; sie ist jedoch immer eine Art 'milde' Eifersucht. Die Eifersucht geht der Liebe vielleicht sogar schon voraus - sozusagen als Urleidenschaft, was man bei den griechischen (und anderen) Göttern beobachten kann. Sie kannten zwar noch keine Liebe oder Sentimentalität, waren aber schon ungeheuer eifersüchtig aufeinander.)
Im Vergleich zur Verführung ist die Liebe also eher eine diffuse, lose und schlaffe Form, so etwas wie eine schwächere Lösung und gar eine Art Auflösungsverfahren. Es handelt sich dabei aber um eine pathetische Auflösung, wenigstens in seinen fortgeschrittensten kulturellen Formen, wie sie z.B. im Roman auftreten. Und schließlich dieses pathetische Profil in der letzten Form, nämlich der Sexualität, die nur mehr noch eine über den "objektiven"

Geschlechtsunterschied artikulierte Art von Beziehung ist. Während die Verführung noch einen zeremoniellen und die Liebe noch einen pathetischen Charakter hatte, ist die Sexualität nur noch relational und operational. Das Spiel der Zeichen und deren Einsatz geht also von Stufe zu Stufe immer mehr verloren,und zwar zugunsten eines organischen,energetischen und ökonomischen Ablaufs,der auf dem kleinstmöglichen Unterschied, nämlich dem Geschlechtsunterschied, basiert.
Es gilt die Mystifikation aufzudecken, die aus dem sexuellen (Geschlechts)Unterschied den ursprünglichen, fundamentalen Unterschied schlechthin machen will: ein Unterschied,der in einem biologischen Zusammenhang steht und damit also eine unbestreitbare Wahrheit besitzt, und aus dem sich alle übrigen Unterschiede ergeben, d.h. bestenfalls Metaphern sind. Sonderbarer Irrtum! Es wird vergessen, daß die Menschen seit Urzeiten auf künstlichen Wegen, über Zeichenspiele, viel größere differentielle Intensitäten hervorgebracht haben als über den Körper und die Biologie. Jedenfalls haben sie die "natürlichen" Unterschiede immer nur als Sonderfall der künstlichen Unterschiede angesehen. Der reine sexuelle Geschlechtsunterschied ist in der Tat uninteressant (das Ying und Yang sind vielmehr die beiden metaphysischen Pole, zwischen denen sich die die Welt regelnden Spannungen abspielen). In gewissen Kulturen zählt der Unterschied zwischen Krieger/Nicht-Krieger, Brahmane/Nicht-Brahmane wesentlich mehr als der sexuelle Unterschied: ich will damit sagen, daß diese Unterschiede mehr differentielle Energie her-

vorbringen; sie beschreiben und ordnen die Dinge mit mehr Genauigkeit und Komplexität. In all diesen Kulturen (nur nicht in der unsrigen) hat der Unterschied zwischen dem Toten und Lebendigen, dem Erhabenen und dem Gemeinen, zwischen dem Eingeweihten und Nicht-Eingeweihten eine wesentlich größere Bedeutung als der Geschlechtsunterschied. Die Sexualität stellt in der Tat mit ihrer biologischen Anmaßung den schwächsten und unergiebigsten Unterschied dar, auf den man in gewisser Hinsicht erst dann zurückgriff, als alle übrigen Unterschiede in Vergessenheit gerieten. Jedes naturalistische Differenzierungsprinzip ist notwendigerweise noch armseliger, da es auch nur einer objektiven Funktion Platz macht und weit davon entfernt ist, so ähnlich kunstvoll wie die Zeichen eine minutiöse und genaue Darstellung der Welt zu inszenieren. Wir müssen die Bedeutung, die dem Geschlechtsunterschied fälschlicherweise beigemessen wird, zurückweisen, dies um so mehr, als er heute auf dem besten Weg ist, immer mehr zu verschwinden. Die Sexualität tendiert als kleinste Form dieses Unterschieds auch zur völligen Unterschiedslosigkeit.

Es ergäbe sich also im Verlauf der hier genannten Formen (Verführung, Liebe, Sexualität) eine Art Degradation differentieller Energie, so etwas wie ein Nachlassen der Intensitäten:

- die Verführung als Ära eines *ästhetischen und zeremoniellen* Geschlechtsunterschieds.
- die Liebe und die Leidenschaft als Ära eines *moralischen und pathetischen* Ge-

schlechtsunterschieds.
- die Sexualität als Ära eines *psychologischen, biologischen und politischen* Geschlechtsunterschieds (aber dies ist immer weniger der Fall, denn die Unterschiede verwischen sich langsam).

Aus diesem Grund ist die Verführung übrigens intelligibler als die Liebe, eben weil sie auf einer höheren Ebene ansetzt, auf einer dualen Ebene, in einer perfekten differentiellen Form. Bei der Verführung ist nicht der duale Aspekt mysteriös, sondern vielmehr die vom eigenen Begehren überwältigte bzw. die auf der Suche nach dem eigenen Bild befindliche individuelle Gestalt des Subjekts. Genau diese unsere Figur, die der Liebe, scheint mir inintelligibel zu sein. Das Schicksal setzt sich eben mit einer überwältigenden Evidenz durch. Das Nicht-Schicksal muß aber noch erklärt werden; übrigens können wir dabei nichts anderes tun als erklären und Gründe finden, denn irgendwie läßt sich nichts tiefgründiges über die Banalität der Liebe sagen (die Liebe nimmt jedes Mal eine Art Zwischenposition zwischen Verführung und Sexualität ein - beide sozusagen als ihre entgegengesetzten Pole. Die Liebe geht von den Grenzen der Verführung zu den Grenzen der Sexualität; sie beschreibt ein unüberwindbares Universum, das von einer reinen Form von Differenzierung zur reinen Form von Undifferenziertheit übergeht; ohne eigene Form und als solche eigentlich unbeschreibbar).

Es gibt aber noch einen zweiten großen Niveauunterschied zwischen Verführung, Liebe und

Sexualität: nämlich das Verschwinden der rätselhaften Form, denn die Verführung zeichnet sich im Gegensatz zur Liebe hauptsächlich durch ihren dualen und rätselhaften Charakter aus. Die Liebe ist zwar mit allen möglichen Rätseln (der Welt) beladen, aber nicht rätselhaft,sondern im Gegenteil sinnträchtig;sie hat weniger mit dem eigentlichen Rätsel, sondern eher mit dessen Auflösung zu tun. Man will einem einreden, daß die Liebe der Schlüssel zum Geheimnis sei - oder noch schonungsloser: das Geschlecht sei die letztendliche Wahrheit (warum kam diese Wahrheit wohl erst im 20. Jahrhundert wie durch ein Wunder ans Tageslicht?). Man darf nicht daran glauben: das Rätsel bleibt (ungelöst) und behält seine ganze verführerische Anziehungskraft.

Eine weitere Präzisierung ist notwendig: das Rätsel bzw. das Geheimnis ist nicht zu verwechseln mit dem Unverständlichen. Im Gegenteil: das Rätsel ist völlig intelligibel, allerdings kann es weder ausgesprochen noch offenbart werden. Die Verführung ist also unmittelbar verständlich und von blitzartiger Evidenz und andererseits doch unerklärlich und nicht-reflexiv, auf die Gefahr hin, sofort zu verschwinden. So auch bei dem Initiationsritus, in dessen Mittelpunkt genau wie bei jedem anderen Spiel eine Grundregel steht, die nicht ausgesprochen werden kann,d.h. es bleibt ein Rätsel - und trotzdem ist der ganze Vorgang völlig klar, denn nichts ist klarer als ein Spielablauf.

Nur das Tiefgründige (der Sinn) ist erklär- und entfaltbar - und deshalb hat es kein Geheimnis mehr. Das bereits entfaltete und auf-

gedeckte Scheinhafte ist nicht erklärbar: darin liegt auch sein unlösbares Rätsel, es sei denn man ersetzt es überall durch eine Zwangswahrheit.
Genau das zeichnet sich ab im Übergang von der Verführung über die Liebe und die Leidenschaft, dann zum Begehren und zur Sexualität und schließlich zur reinen Pornographie: je mehr man sich vom Geheimnis und Rätsel entfernt, desto mehr landet man beim Bekenntnis, bei der (Ent)-Äußerung, bei der Enthüllung, beim Abreagieren - kurz: bei der Wahrheit; diese Wahrheit nimmt jedoch in unserer obszönen Kultur einen Zwangscharakter an, sie ist ein Zwangsbekenntnis, Zwangsenthüllung von... ja von was eigentlich? Es gibt eben einfach nichts zu enthüllen. Woher kommt wohl diese verrückte Vorstellung, daß man das Geheimnis lüften, d.h. die Dinge in ihrer nackten Substanz erfassen kann, nur um zur radikalen Obszönität der Wahrheit und des Realen zu gelangen? Es gibt kein Reales, es hat niemals existiert - und nur die Verführung weiß das, und wahrt das Rätsel. Alle übrigen Formen, und insbesondere die Liebe, sind geschwätzig und weitschweifend, d.h. sie reden und wollen auch zuviel reden.
Bei der Liebe wird viel gesprochen; sie ist im Gegensatz zur Verführung ein Diskurs, und vielleicht erschöpft sie sich sogar darin. Die Liebe findet im Bekenntnis oft ihren letzten und stärksten Ausdruck. Jedenfalls handelt es sich dabei um eine äußerst zweideutige Sprache (eine wahrscheinlich böswillige und fast unverschämte Sprache): wie kann man

etwa bloß zu jemandem etwas sagen wie: "ich liebe Dich" ,etwas,was zu zerbrechlich ist, um in eine Aussage gefaßt zu werden - und sogar durch die Aussage zerstört werden kann -,es sei denn,die Liebe lebt nur von einer solchen Aussage; in diesem Fall gibt es überhaupt kein Geheimnis mehr. Diese Sache lebt vom Schweigen bzw. von Antiphrasen wie: "Ich liebe Dich nicht" ,oder gar: "Ich spreche nicht mehr mit Dir". Es sind Sätze, die noch eine Herausforderung und die Spannung der Verführung enthalten - eine Art imminente Liebe, die aber aufgrund der Weigerung und aufgrund des Charmes der Verneinung die Qualität eines Spiels und den Reiz des Trugbildes behalten.
Übrigens ist das "ich liebe Dich" glücklicherweise nicht so gemeint wie es gesagt wird.Es meint etwas anderes und man muß es anders wahrnehmen, und zwar in seinem verführerischen Modus (alle Verben weisen einen geheimen Modus auf, der sich hinter dem Indikativ bzw. Imperativ verbirgt: sozusagen eine Art "Seduktivmodus").In jedem Diskurs findet sich ein grundlegendes Moment von Verführung, so auch in der Liebe (jedenfalls muß man das hoffen); er spielt dabei mit der Äusserung und trifft den anderen im Gegenteil seiner Aussage. So bedeutet das "Ich liebe Dich" nicht, daß man Dich liebt, sondern daß man Dich verführen will, was eben gerade nicht dasselbe ist. Es ist ein schwankender Satz, eine schillernde Aussage und dadurch wird der unendliche Reiz des Scheinhaften und Sinnlosen bewahrt.
Es ist also völlig unnütz und unangebracht,

dabei an irgendeinen Sinn zu glauben. Wer an das "Ich liebe Dich" glaubt, zerstört alles, einschließlich der Liebe, denn er verleiht etwas einen Sinn, das gar keinen Sinn hat.

Aber das ist noch der beste Fall, da hier der Diskurs der Liebe durch das Spiel des Scheinhaften geregelt wird. Dem steht die Transparenz des sexuellen Diskurses bzw. Verlangens entgegen, wo jede Spur von Verführung fehlt. Hier hat alles seine Bedeutung und ist unmißverständlich ausgedrückt. Das Rätsel ist also ganz gelöst. Dieses Verlangen birgt kein Geheimnis mehr, da schon alles ausgedrückt worden ist, und wenn es praktisch nur den Ausdruck eines Begehrens bedeutet, brauchen nur noch die entsprechenden Worte gefunden zu werden; es gibt aber kein Spiel des Scheinhaften mehr. So nimmt das "Ich liebe Dich" eine andere Färbung an: kein 'Seduktiv(modus)', sondern nur noch ein verzweifelter Optativ(modus): "Ich will Dich lieben" , "Ich will, daß Du mich liebst".

Man kann in der Tat Lacan zustimmen: es gibt kein Geschlechtsverhältnis* oder eine Wahrheit des Geschlechts. Entweder ist das "Ich liebe Dich" bzw. "Ich begehre Dich" eine Verführung oder aber beides drückt lediglich einen Anspruch auf Liebe und Begehren aus - nicht aber Liebe oder Sex(ualität) als solche. Es ist also immer eine "verfehlte Begegnung"** und die Sexualität ist, wie Lacan

---

* *Dieser Ausdruck findet sich bei Lacan im Seminar XX (1973/74 mit dem Titel: "Encore"). Die deutsche Übersetzung (Norbert und Verena Haas, Jochen Metzger) erscheint in Kürze. (A.d.Ü.)*

** *Zum Kontext vgl. Jacques Lacan: Die vier Grundbegriffe der Psychoanalyse (Seminar: Buch XI, 1964), (Übersetzung: V. Haas), Olten 1978, S. 59 ff, bis S. 61. (A.d.Ü.)*

betont, vielleicht nur die Geschichte dieser verfehlten Begegnung. Aber damit ist noch nicht das letzte Wort gesprochen, denn die subtilste Spiralbewegung der Verführung beweist uns, daß sie nicht die Geschichte, sondern das *Spiel* dieser verfehlten Begegnung ist und daß sie eine andere Lust in dem reizvollen und absurden natürlichen Geschlechtsunterschied findet. So wird dann aus Herausforderung und Verführung eine Art fürsorgliche Zuwendung und ein Anspruch bzw. Verlangen nach Lust, Liebe, Sex(ualität) in einem,d.h. man kümmert sich um dich. Verführe mich, liebe mich, bereite mir Lust, kümmere dich um mich. Das alles hat einen bemutternden Zwangscharakter an sich, der sogar in einer quasi foetalen Position von Liebesverlangen enden kann. Seit zwei oder drei Jahrhunderten gibt es in unserer Kultur eine Überdeterminierung aller Liebesformen (einschließlich der Naturliebe) durch die Mutterliebe und der damit verbundenen Sentimentalität. Diese mütterlich-fusionelle Konstellation ist das Gegenteil von Verführung, genau so ein Gegensatz wie zwischen Dualität und Verschmelzung.
Diese Form von Liebe ist nur mehr noch eine flottierende Libido, die sich praktisch überall verteilt und verzweifelt versucht, ihr Umfeld zu besetzen, wie bei einer Ökonomie, die nicht mehr eine Ökonomie von affektiven Systemen ist, sondern von Sub-Systemen an Intensität, von kalten, leidenschaftslosen Systemen zufälligen Typs. Eine *ökologische* Libido, das spezifische Produkt unserer Epoche: überall in homöopathischen und homöostatischen Dosen

erhältlich; sie ist das Minimaldifferential des Gefühls und reicht aus, um die soziale und psychologische Nachfrage zu erhöhen. Diese Libido kann ihrem Fließen entsprechend von einer Nische zur anderen abgeleitet und magnetisiert werden: sie entspricht in idealer Weise einem bestimmten Typ von Manipulation. So gelangen wir also über die Auflösungsenergie der Verführung zur leidenschaftlichen Ordnung der Liebe; und das Ganze endet schließlich in einer Art zufälligen Form von Verlangen. Glücklicherweise bleibt doch noch eine Hoffnung zurück, die alles, was ich gerade über die Dominanz des Verlangens gesagt habe, relativiert. Man geht das Risiko ein, dieses Verlangen nach Liebe, Gefühl und Sex(ualität) mißzuverstehen, wenn man auf es als solches eingeht (es ist möglicherweise sogar nur ein *Schein*-Verlangen). Vielleicht geht es diesem Verlangen um etwas ganz anderes: nämlich in seiner hysterischen Form letztlich abgelehnt und enttäuscht zu werden; vielleicht will es, daß man ihm nur deutlich macht, daß es so nicht geht. Möglicherweise beruht sogar jeder Diskurs nur auf der heimlichen Hoffnung, bestritten und ausgetrieben (exorcisé) zu werden. Das Verlangen kann also mit dem ausgedrückten Begehren und dem Wunsch nach Zuwendung des anderen *spielen*, um ihn nämlich in die Falle zu locken, zu täuschen und damit zu verführen.

Wenn das Verlangen im Grunde genommen so aussieht, dann ist es falsch, auf es als solches einzugehen. Daher haben wir auch keine Lust, auf ein Verlangen wie "Liebe mich, verführe mich, bereite mir Lust etc..." einzugegehen, während dagegen die Reaktion und Antwort auf eine Herausforderung oder Verführung unmittelbar ist. Aber wenn die Ambivalenz dieses Verlangens ein Eingehen verbietet, erhält es dadurch doch etwas Verführerisches, es ist eine Art Verführungsversuch. Verführung ist daher auch die beste Antwort.

Letztlich kreisen also alle Formen um sich selbst – um das Zentrum der Reversibilität – und daraus erklärt sich auch die Schwierigkeit, darüber zu sprechen. Die Schwierigkeit besteht nicht etwa darin, daß man nichts darüber sagen kann, sondern vielmehr ergibt sie sich aus der Revanche, die die reversible Ordnung an der linearen Ordnung des Diskurses nimmt. Glücklicherweise beherrscht man diese Schwierigkeit nie so ganz; doch man kann immer darüber sprechen, auch wenn es nichts zu sagen gibt.

Die Liebe war in Wirklichkeit nie so schön wie in den Sagen und Romanen. Hat nun diese mysteriöse Leidenschaft die Romanform hervorgebracht oder umgekehrt? Diese Frage bleibt ungelöst. Aber hat es diese mysteriöse Leidenschaft wirklich überhaupt schon einmal gegeben? Besitzt die Liebe einen eigenen Gefühlsausdruck?

Tristan und Isolde. Eine erhabene Liebesgeschichte, eine schicksalhafte, fatale Liebe. Es ist immerhin bemerkenswert, daß in dieser wunderbaren Geschichte die Liebe sich nicht aus sich selbst entwickelt bzw. lebt: ein magischer Liebestrank ist nötig. Es gibt also keine spontane Berufung des einen für den anderen oder so etwas wie ein Begehren, das sie

zusammenbringt, ganz im Gegenteil, diese starke Prädestinierung ist *künstlich*, und zwar in dem Sinne, als sie ein besiegeltes Bündnis ist, ein künstlich besiegeltes, unvermeidbares Schicksal und nicht etwa eine natürliche Gefühlsregung der Seele. Das Schicksal ist immer künstlich, denn es vermittelt sich immer über die tragisch-verhexte Illusion der Zeichen. In diesem Falle (Tristan und Isolde) ist der magische Liebestrank (es wäre falsch, ihn psychologisch als Metapher der Leidenschaft zu interpretieren) das Zeichen für eine wilde Verführung und für den Tod. Ihre Leidenschaft ist eindeutig eine Herausforderung der göttlichen Ordnung: bekanntlich sind die beiden Liebenden als gottlose verurteilt worden, der von ihnen geteilte magische Liebestrank ist gottlos; denn er besiegelt ein Bündnis von Verführung und Prädestinierung und steht im völligen Gegensatz zu den göttlichen Liebesgesetzen, wo die Zeichen sich in ihrer idealisierten Form austauschen.
Man kommt immer wieder zu der Erkenntnis zurück, daß es keine Liebe gibt, obwohl es sie doch eigentlich geben müßte. Die leidenschaftlichsten Liebespaare in der Romantik endeten schließlich doch alle im gemeinsamen Selbstmord, denn allein dieser gewaltsame Tod kann einen unmöglichen Austausch verabsolutieren; nur durch die direkte Herausforderung des Todes kann einem sonst nicht realisierbaren Gefühl irgendeine Realität verliehen werden. Das Erhabene an der Liebe liegt in der Vorwegnahme des eigenen Todes. Die "amour-passion" verwirklicht sich nur in diesem nicht überlebensfähigen anti-erotischen und anti-

natürlichen Taumel. Lieben bedeutet also: die eigene Existenz und die des anderen aufs Spiel zu setzen. Das hat alles nichts mit dem Gefühl des Verliebtseins zu tun, mit dem idealen Zusammentreffen zweier Wünsche und Begehren.

Man kann sich übrigens fragen, ob diese Form von Eros und entfatalisierter Liebe, die zur (gefühlsmäßigen und sexuellen) Tauschform geworden ist, nicht letztlich nur deshalb erfunden worden ist, um der Fatalität des anderen und seinem grausamen Spiel zu entgehen?

Die Produktion von Tauschbeziehungen und von Zeichen stellt den einzigen Weg dar, um dem Schicksal, genauso wie der willkürlichen Prädestinierung und der Verführung von sinnlosen Zeichen, zu entgehen. An die Stelle von magischem Zaubertrank und Herausforderung treten nun Gefühl und Zärtlichkeit. So kann sich also das Leben durch den natürlichen (Aus)Tausch gegen die mörderischen Kunstgriffe und Opferformen wehren und gegen die Verführung im buchstäblichen Sinn, sei es nun eine göttliche, teuflische, tödliche oder gar eine Liebesverführung. Die Lebens- und Liebesform dieses (Aus)Tausches bringt eine mörderische Frivolität hervor, die einen vom eigenen Ziel ablenkt.
Eine der wichtigsten Spielereien ist die beliebige Erfahrung von Lust und Unlust - das Schicksal. Diese Erfahrung bleibt aber allein Gott überlassen. Lieben und Geliebtwerden ist dagegen zweitrangig; das bleibt den Menschen überlassen - eine pathetische Konstellation von Stimmungen, Wünschen und Gesichtern.

Die meisten wollen statt verführt lieber geliebt werden. Sie bevorzugen den Liebesbeweis in einer Art Dienstleistung. Vielleicht beruht der Anspruch, geliebt zu werden auf der Angst vor dem Verführtwerden und wahrscheinlich muß man lieben, um nicht mehr verführen zu müssen.
Lieben bedeutet eine Art psychologischer Inzest, ein pathetisches Verschmelzen und Aneinanderklammern, das gegen das grausame Spiel der Verführung gerichtet ist.
Nirgendwo hat die Liebe im Grunde genommen einen eigenen Ausdruck von Bewegung (*eppure si muove!*)*. Entweder hebt sich die leidenschaftliche und schicksalhafte Liebe in der Form von Herausforderung und Schicksal auf, oder in der Form von Austausch und Verlangen, die doch letztlich nur die Form einer konterkarierten Verführung ist. Als Beweis mag folgende Geschichte dienen: zwei Eheleute streiten sich, wobei die Frau dem Mann vorwirft: "You give me love because you want sex!" Der Mann antwortet darauf: "You give me sex because you want love!" Was für eine tolle eheliche Arbeitsteilung! Eigentlich dürften sich weder Sex noch Liebe (aus)tauschen können; wenn sie aber die weltliche Form einer Hauswirtschaft annehmen, dann haben sie den gleichen Tauschwert, d.h. sie können sich im Tausch arrangieren. Sobald man die sublime Form des Schicksals verläßt, fällt man in die quasi unbewußte (subliminale) Form des (Aus) Tauschs hinein, wo alle Kompensationen und Substitutionen möglich sind: 'Du gibst mir Sex, ich gebe Dir Liebe.'

---

* *Ausspruch Galileis eppure si muove = und sie bewegt sich doch*

Die Sexualität und die Affektivität können sich immer in etwas anderes verwandeln, denn es gibt immer Substitutionsformen. In jedem Austausch gibt es Tauschmöglichkeiten, aber nicht so bei der Verführung, die eben gerade kein Austausch, sondern eine Herausforderung ist. Bei der Verführung kann es kein Gleichgewicht und keine Optimierung der Tauschbeziehungen geben; auf sexueller Ebene ist dies zwar auch schwierig, aber immerhin noch möglich. Das Fehlen von Verführung ist daher der einzige tödliche Mangel.
Übrigens ist das der Sinn unserer Geschichte von den zwei Eheleuten; beide widerlegen in der Tat, hinter ihrem Groll, eben die Möglichkeit eines gegenseitigen Tauschs zwischen Sex und Liebe. Sie wollen eigentlich die Verführung. (Ich habe ja schon gesagt, daß es um die Geschichte einer konterkarierten Verführung geht.)
Übrigens: eine Frau verzeiht einem zwar, daß man sie nicht liebt (mit der Liebe und dem Sex kommt man schon irgendwie immer klar), aber niemals, daß man sie nicht verführt hat bzw. daß jemand anderes es konnte. Das ist das einzige, was nicht wieder gutgemacht werden kann, und auch wenn man ihr noch so viel Liebe oder Zärtlichkeit schenkt: sie wird sich immer grausam rächen. Da sie einen nicht verführen konnte, wird sie nun versuchen, einen zu vernichten (aneantir). Alle Sünden (pêchés) des Sex und der Liebe lassen sich verzeihen, denn sie stellen keine Kränkung (offense) dar. Die Verführung aber trifft wirklich den wunden Punkt der

Seele und nur im Mord (meurtre) * wird Frieden gefunden.
Daher spreche ich auch vom Malin Génie de la Passion, vom Teufel der Leidenschaft.
In den leidenschaftlichsten, schönsten und verzweifeltsten Gefühlsregungen steckt immer dieser Teufel, der den anderen in die Falle locken möchte. Das naivste und glücklichste Moment der Liebe birgt die gleiche diabolische Versuchung; ihn nämlich in einem perversen Akt zu beschwören.
Es gibt noch etwas, das stärker ist als die Leidenschaft: die Illusion. Und noch stärker als Sex und Glück ist die Leidenschaft der Illusion. Immer wieder verführen... Die Verführung als Illusion, als Teufel der Leidenschaft untergräbt die Macht der Erotik durch die majestätische Macht des Spiels und der List - selbst im Taumel stellt sie Fallen auf, und sogar im siebten Himmel beherrscht sie noch die teuflischen Listen der Hölle.

---

* *Die Begriffe 'péché', 'offense' und 'meutre' können alle auch mit 'Sünde' übersetzt werden. (A.d.Ü.)*

DIE OBERFLÄCHLICHEN ABGRÜNDE

Die Verführung verdankt ihren Reiz zunächst der Tatsache, daß sie als theoretischer Gegenstand noch nicht bearbeitet und analysiert ist; dadurch bringt sie jegliche Theorie-Wahrheit zum Scheitern und läßt Platz für die Lust an der Theorie-Fiktion.
Mein erstes Motiv versteht sich als verstärkte Reaktion auf die grassierende Anti-Verführung im Zeitalter der politischen, ideologischen und ökonomischen Diskurse über Wahrheit, vor allem auch mit ihrem Triumph in der Pornographie, der Psychoanalyse und der sexuellen Liberalisierung.
Überdies ermöglicht die Verführung damit eine Grundsatzkritik, die sich gleichzeitig als eine entzauberte Kritik der politischen Ökonomie und der Produktion versteht. Das Problem der Produktion und der Macht kann nun, ebenso wie die Sexualität und das Begehren von einer anderen Seite und auf eine subtilere, ironischere Art angegangen werden, ohne daß ich nach dem "Spiegel der Produktion" nun einen "Spiegel des Wunsches" * entwickeln will. Es geht um eine reversible Strategie der Verführung anstelle einer Frontal-Strategie der Kritik und Analyse. Es geht darum, alle diese Dinge zu verführen, d.h. aus einer theoretischen Machtbeziehung herauszukommen und den Weg zur diabolischen Strategie der Verfüh- zu finden.
Nicht mehr Begriffe klären, sondern das dunkle Phänomen der Verführung erstrahlen lassen.

---

* *Titelanspielung auf J. Baudrillard: Le Miroir de la production, Paris 1973. (A.d.Ü.)*

Von der Simulation zur Verführung hin verändert sich nichts besonderes, wir wechseln lediglich von der entzauberten Form zur Zauberform des theoretischen Spiels.
Die Verführung präsentiert sich zunächst als reines Objekt - d.h. als theoretisches und als Liebesobjekt. Aber im Grunde genommen ist das alles nebensächlich. Die Verführung stellt sich anderen Dingen nicht entgegen und löst auch keine auf; sie verführt einfach.
Ausgangspunkt war zunächst eher ein Wortspiel mit dem Begriffspaar: séduction(Verführung)/production; es ging dabei keineswegs um wohlbekannte Gegensatzpaare mit bestimmten Sinnrelationen wie z.B. männlich/weiblich, gut/böse etc. Es war lediglich ein (phonologisches) Wortspiel (des Typs: utile(nützlich)/futile(belanglos)) mit den Begriffen production(Produktion)/séduction(Verführung), und gibt es schließlich etwas Verführerisches als ein Wortspiel, diese belanglose, unnütze Verbindung von zwei Wörtern, die eben nicht mehr analytische Gegensatzpaare sind, sondern eine Kettenreaktion bilden?
Es gibt daher keine analytische Begründung, sondern ein Echo, d.h. eine unmittelbare Reversibilität von zwei Zeichen - und das ist bereits die Verführung. Dieses Echo bewegt sich auf der Ebene einer *offenen Frage* (etwa folgender Art): bisher galt, daß alles der Produktion folgt ... und was wäre nun, wenn alles der Verführung unterliegt? Dies ist nicht als analytischer Vorschlag, sondern schlichtweg als eine theoretische Herausforderung zu verstehen.
Gibt es etwas Verführerisches als eine Heraus-

forderung? Ihr kann man sich (ähnlich wie bei der Verführung) nicht entziehen, denn sie ist das Herz der Verführung. Sie transzendiert durch ihre unendliche Steigerungsfähigkeit jeglichen Vertrag, jegliches Tausch- und Äquivalenzgesetz. Die Herausforderung und die Verführung führen uns viel eher als das Lustprinzip über das Realitätsprinzip hinaus.

In dieser rätselhaften,aphoristischen Beziehung von zwei Wörtern steht die Verführung nicht im Gegensatz zur Produktion, sondern sie verführt geradezu die Produktion. - Ebenso können wir uns vorstellen, daß Abwesenheit nicht als Gegenteil von Anwesenheit aufzufassen ist, vielmehr verführt sie die Anwesenheit; oder (noch andere Beispiele): das Böse steht nicht im Gegensatz zum Guten; es verführt das Gute. Dasselbe gilt für das Weibliche und das Männliche; es ist kein Oppositionsverhältnis, sondern das Weibliche verführt das Männliche (ebenso beim Witz: hier stehen sich die Wörter nicht in einer bestimmten Sinnrelation gegenüber, sondern sie verführen sich gegenseitig - d.h. es gibt keine Kontinuität, sondern eine unmittelbare Reversibilität vom einen Wort zum anderen). Die Protagonisten der Herausforderung sind daher auch nicht zwei Begriffe, die sich etwa durch das Medium des Sinns und der Kommunikation austauschen bzw. verändern ließen; sie sind beide in eine dual/duellhafte Beziehung eingebunden; in eine unmittelbare Steigerung und eine antagonistische Reversibilität; es geht dabei um den höchsten Einsatz, eben gerade weil es sinnlos ist.

Wir können uns also eine Theorie vorstellen, in der die Zeichen in ihrer verführerischen Anziehungskraft und nicht in ihrer Gegensätzlichkeit betrachtet würden. Diese Theorie würde die Spiegelhaftigkeit des Zeichens und den Vorrang des Referenten aufbrechen; sie ermöglichte, daß sich alles in den Wörtern, in einer rätselhaften dualen Beziehung und einer strengen Reversibilität abspielen würde.

Nehmen wir einmal an, daß all diese unser Weltbild strukturierenden großen Gegensatzpaare durch die (Konzeption der) Verführung überwunden würden. Stellen wir uns vor, daß überall dort Verführungsbeziehungen im Spiel sind, wo wir es heute noch mit Gegensatzbeziehungen zu tun haben. Stellen wir uns einmal diesen schillernden Moment der Verführung vor, bei dem die polaren Kreise des Sinns zum Schmelzen gebracht würden. Es gibt genug Beispiele für diesen verführerischen Vorgang: so standen z.B. in der antiken Kosmogonie die Elemente keineswegs in einer strukturellen Klassifikationsbeziehung - Wasser, Erde, Luft, Feuer waren keine distinktiven Elemente, sondern sie zogen sich an, d.h. sie verführten sich gegenseitig: Das Wasser wurde durch das Feuer verführt (und umgekehrt). Ebenso waren die Götter und Menschen nicht durch den moralischen Abgrund der Religion von einander getrennt, sondern sie unterhielten verführerische Beziehungen zueinander, worauf auch das symbolische Gleichgewicht der Welt beruhte. Ähnlich verhält es sich mit all den großen Gegensatzpaaren wie gut/böse, wahr/falsch, die uns zur Dechiffrierung des Sinns

der Welt dienen: die Verführung bringt diese unter wahnsinnigem Energieaufwand sorgsam gevierteilten Begriffe wieder zusammen und vereinigt sie in einem Maximum von Intensität und Reiz.
Distinktive und volle Zeichen können uns niemals verführen. Verführung läuft über leere, unleserliche, unauflösliche, arbiträre und unvorhersehbare Zeichen, die kaum auffallen und die die Raumperspektive verändern; aus diesen Zeichen kann man keinen Text oder keine Erzählung machen und sie haben weder ein Subjekt (der Äußerung) noch eine Aussage. So wie die Protagonisten sich in einer antagonistischen dual/duellhaften Position befinden, d.h. ohne irgendwelche Sprecher und Hörer, begründen die nicht-diskursiven Zeichen der Verführung auch keinen Austausch: sie gehören zur Ordnung der Ellipse, des Kurzschlusses und des Gedankenblitzes.
Man darf die diskursiven und distinktiven Zeichen der Linguistik und der Semiotik nicht mit dem Zeichen der Verführung vermischen. Unter dem Vorwand, daß beide(s) Zeichen sind und sich daher der Materialität der Dinge entgegenstellen, können wir sehen, wie in einer naiven Sichtweise eine gewisse Form von Linguistik ähnlich über die Verführung herfällt wie schon einmal über den poetischen und anagrammatischen Diskurs. Glücklicherweise ist sie immer daran gescheitert, zu begreifen bzw. zu erklären, was die Verführung eines Gedichts, einer Geschichte, eines Witzes ausmacht - und zwar gerade weil die Verführung sich *nicht unter die Zeichenkategorie subsumieren* läßt (so gelingt es auch der Psychoanaly-

se nicht, den eigentlichen Charakter der Verführung in einer Neurose, in einem Traum, einem Versprecher oder gar dem Wahnsinn zu erkennen, denn die Verführung hat nichts mit dem System des Phantasmas, der Verdrängung oder des Wunsches zu tun).
Das Zeichen der Verführung ist kein Zeichen, sondern ein Merkmal und damit mehr als ein Zeichen, oder anders formuliert: ein unmittelbar verdoppeltes und reversibles Zeichen - so wie beim Blick, der seine Verführungskraft gerade der Tatsache verdankt, daß er keinen Zeichenaustausch (von Auge zu Auge) darstellt; er dechiffriert nicht, d.h. ihn kennzeichnet vielmehr sein unmittelbar dual/duellhaftes Moment. Die Verführung kommt erst (wie beim Anagramm) in diesem Taumel der Reversibilität des Zeichens zur Geltung, wodurch jede tiefgründige Sinnoperation ausgeschaltet wird: oberflächlicher Taumel und Abgrund.

So bildet auch in Jensens "Gradiva"* (von Freud wieder aufgegriffen und analysiert**) der Fuß des jungen Mädchens, d.h. ihr anmutiger Gang, das einzig ausschlaggebende Zeichen der Verführung; und zwar dadurch, daß das Mädchen sich auf den Fußspitzen bewegt. Es ist aber zusammenhanglos und der Widersinn bei Freud besteht darin, daß er einen Sinn finden will, der in der Kindheit und dem verdrängten

---

* *vgl. W. Jensen: Gradiva, ein pompejanisches Phantasiestück, Dresden und Leipzig 1903 (verl. C. Reissner); vgl. auch in folgender Fußnote (A.d.Ü.)*

** *vgl. S. Freud: Der Wahn und die Träume in W. Jensens "Gradiva" mit dem Text der Erzählung von Wilhelm Jensen (hrsg. und eingeleitet von B. Urban und J. Cremerius), Franfurt/M. 1973 (Taschenbuch-Ausgabe) (A.d.Ü.)*

Unbewußten begründet liegen soll. Indem Freud aus diesem Zeichen (der Verführung) lediglich ein reines Medium von Hanolds Phantasmen macht, nimmt er ihm jegliche eigene Ausstrahlung(skraft), zugunsten einer anderen Instanz und der Heilung durch den Sinn – das Zeichen der Verführung verschwindet in den Fängen der Deutung; und Hanold fällt gleichsam aus der bezaubernden Sphäre der Verführung in die reale matrimoniale Welt. Ein schönes Beispiel, das beweist, wie ernüchternd die Wirkung der Deutung sein kann, schlimmer noch: wie im Namen irgendeiner Disziplin (hier: der Psychoanalyse) der Verführung der Garaus bereitet werden kann.

Die Welt der Verführung ist reiner Schein und keine Zeichenwelt: der Schein ist also kein Zeichen. Das Zeichen läßt sich dechiffrieren, nicht so der Schein. Die Verführung verkörpert die Welt des Scheins und steht somit im Gegensatz zur Macht, der Beherrscherin der Zeichenwelt. Das Zeichen gehört nämlich noch zur Welt des Sinns und der Tiefgründigkeit, es ist dem Gesetz unterworfen, während das Scheinhafte nur an eine Spielregel gebunden ist. Es gibt nicht nur eine materielle Grundlage der Dinge, sondern auch eine Tiefgründigkeit des Sinns, worüber wir mit unserer gesamten Ordnung eifrig wachen; wir beseitigen somit die angeblich unheilvollen Erscheinungen.
Unter diesen Bedingungen erreichen nur wenige Dinge, in seltenen Momenten, den Zustand des reinen Scheins und nur diese sind letztlich verführerisch. Die gesamte Strategie der

Verführung besteht darin, alles in die Form reinen Scheins zu bringen, um sich in dessen Spiel zu verbrauchen (allerdings ist dieser Schein nicht beliebig; er hat auch seine Spielregeln - während die Sphäre des Sinns dem Gesetz unterliegt, ist der Schein in ein unter Umständen strenges und eigenwilliges, aber sinnloses Ritual eingebettet). In unserer Welt werden die Dinge für einen tiefgründigen Sinn (in dessen Fänge sie geraten sind) produziert, d.h. sie müssen wieder sichtbar gemacht werden, wo(bei) es eigentlich ausreichen würde, sie zu verführen oder sie sich gegenseitig verführen zu lassen.

(Aber schließlich heißt ja derjenige Teufel oder Verführer, der im Paradies der Verführung, dieser anmutigen Welt des Scheins, die Unterscheidung zwischen Gut und Böse und damit auch das Wissen und die sinnträchtige Tiefgründigkeit einführt. Wo ist dabei die Verführung? Es gibt zwei Möglichkeiten: Entweder führt der Verführer die Unterscheidung zwischen Gut und Böse ein oder aber er schafft sie unter anderen Vorzeichen ab.)

Je mehr die Dinge in die Fänge des Sinns gerieten, desto weniger behielten sie den Reiz des Scheinhaften.

Es gibt so etwas wie ein Geheimnis des Scheinhaften und zwar gerade deshalb, weil es sich (im Gegensatz zu den Zeichen und dem Sinn) nicht deuten läßt: es bleibt unauflösbar und nicht-dechiffrierbar. Die Produktion und die Deutung repräsentieren eine gegenteilige Strategie: sie beseitigen nämlich das Scheinhafte, indem sie es durch Sinnträchtigkeit bzw. Tiefgründigkeit ersetzen und damit "befreien": so besteht eigentlich auch das Hauptwerk der Revolutionen darin, den Sinn zu vertiefen und den Schein aufzulösen. Die Verführung versucht dagegen dem Geheimnis des Scheinhaften wieder zu seinem Recht zu verhelfen und den Schein als Geheimnis in Bewegung und Zirkulation zu setzen.

Was ist wohl verführerischer als ein Geheimnis? (darüber habe ich bereits bei der Herausforderung und dem Gedankenblitz gesprochen; beide beschreiben übrigens genau die Konstellation der Verführung.) Die Verführung fordert das System des Sinns und des Realen heraus; das Geheimnis stellt jedoch auch eine Herausforderung der Wahrheit und des Wissens dar.

Es geht hier nicht um einen geheimen, versteckten Inhalt, denn das überreizt nur den Willen zum Wissen und gibt nicht eher Ruhe, bis es in Form einer enthüllten Wahrheit erscheint; nun hat aber die Wahrheit, vor allem als Enthüllte, nichts Verführerisches mehr an sich. Nur das Geheimnis verführt, es fungiert nicht als verborgener Sinn, sondern als grundlegende Spielregel und Initiationsform der Zirkulation, ohne daß es dabei etwas zu enthüllen gäbe; denn wir könnten das Geheimnis nicht lüften, selbst wenn wir es wollten: nicht einmal die Protagonisten des Geheimnisses könnten es verraten, da es nur ein Ritual ist, die eigentliche Teilung des (Sinn-)Leeren, das Fehlen von Wahrheit.

So strahlt dann auch bei Kierkegaard* das

** vgl. S. Kierkegaard: Das Tagebuch des Verführers, Mü. 1963*

junge Mädchen eine rätselhafte Stärke aus, und die Verführung ist der Prozeß der rätselhaften (Auf)Lösung dieser Macht, ohne daß jedoch dessen Geheimnis jemals gelüftet wird. Wollte man das Geheimnis lüften, so würde man letztlich bei dem Geschlecht und der Sexualität landen, beides sozusagen als letztes Wort dieser Geschichte, sofern es das dort überhaupt gibt. Nun, es gibt aber kein letztes Wort. Die Verführung bleibt, jenseits der Wahrheit und der Transparenz des Geschlechts, eine duale Beziehung und eine rätselhafte Lösung.

Gleichsam können wir uns vorstellen, daß bei der erotischen Verführung genau das an dem anderen verführerisch ist, was den Ort Deines Geheimnisses darstellt. Es ist nicht der Ort Deiner Ähnlichkeit oder gar Deiner Wahrheit; auch nicht der verborgene Idealtypus von dem,was Du bist oder (das verborgene Ideal) von dem,was Dir fehlt, sondern Ort von dem, was Dir entgeht, wo Du Deiner eigenen Wahrheit entgehst. Ort des Taumels und nicht des Begehrens, der Zerstörung oder der Entfremdung, sondern Ort der Abwesenheit, von Erscheinen und Verschwinden, Ort schillernden Seins. Darin liegt Dein Geheimnis und gleichzeitig das der Verführung: es ist ein Spiel um Anwesenheit/Abwesenheit,ein Duell um den Mittelpunkt der Abwesenheit,wie z.B. in dem wunderschönen chinesischen Mimodrama, wo zwei Männer in der Finsternis einen Säbelkampf austragen; ihre Körper und Waffen streifen sich wild, ohne sich jedoch dabei zu berühren; in ihrer Wildheit und Präzision zeichnen sie den gesamten Raum des

Schauplatzes nach,ohne sich jeweils wirklich gegenüber zu stehen. Auch hier haben wir es mit einem rätselhaften Duell zu tun: es bleibt nur der Raum des Schauplatzes, der durch das geordnete Chaos der Körper physisch spürbar wird, und dennoch besetzen bzw. füllen sie den Raum nie aus. Leerraum, wie bei der Verführung.

Kommen wir zum Geheimnis zurück: es stellt keineswegs das Verdrängte dar oder das "was-sie-schon-immer-über-Sex-wissen-wollten..."(Woody Allen). Es ist vielmehr genau das, was Du nicht wissen willst, das von Dir, was nicht zur Ordnung der Wahrheit gehört. Was sich dem Übermaß des Selbst entzieht: all das wird zum Geheimnis und absorbiert die Umwelt. Unmittelbar ansteckender Taumel der Verführung: sie läuft über die enthusiastische Lust und den subtilen Genuß daran,daß die Dinge geheimbleiben - während die Wahrheit sie in einem obszönen Impuls enthüllen will.

Die Verführung dreht sich nicht nur um die Grundregel: sie *ist* die Grundregel und existiert nur unausgesprochen.

Hier einige Geschichten zur Verführung:

Ein junger Mann ist Maler, aber zugleich auch fünf Maler, jeder mit einer eigenen Adresse, einem eigenen Briefkasten und einem eigenen Briefkopf, einem eigenen Oeuvre. Bei einer Aufnahmeprüfung für die Kunsthochschule reicht er unter fünf verschiedenen Namen fünf Bewerbungsanträge ein und stellt sich fünfmal der Jury. Die Geschichte gibt keine Auskunft darüber, ob die Jury verführt wurde... Bei der gleichen Aufnahmeprüfung stellte sich ein anderer Kandidat mit Werken von fünf Freunden (von ihm) vor. Auf die Frage, der Jury, was er damit zu tun habe, antwortet er: "Ich will sie lediglich vorstellen." Und nachdem die Jury weiter nachhakte, "gestand" er, daß alle diese Freunde mit seiner Person identisch seien - immerhin kenne er sie gut, zumal sich zwischen zweien (von ihnen), nämlich Catherine und Philippe, eine Idylle anzubahnen scheine...

Noch eine Geschichte zur Fünfer-Konstellattion:

Brahma* formte zunächst aus seiner makellosen (Körper)Substanz eine unter den Namen Sharatuya, Sarasvati** etc. bekannte Göttin. Als er dieses bewunderswerte, aus seinem eigenen Körper geschaffene Mädchen erblickte, verliebte er sich in es. Sharatuya (die hundert Gestalten hat) entfernte sich auf der rechten Seite, um seinem Blick zu entgehen, aber dort bildete sich zugleich über dem Gotteskörper ein Kopf. Und als Sharatuya auf der linken Seite hinter seinem Rücken verschwand, erschienen zwei neue Köpfe, worauf sie sich zum Himmel aufschwang: ein fünfter Kopf. Da sagte nun Brahma zu ihr: "Laß uns alle möglichen Lebewesen, Menschen, suras und asuras schaffen." Als Sharatuya dies hörte, kam sie wieder zur Erde herab. Brahma heiratete sie und sie zogen sich an einen geheimen Ort zurück, wo sie hundert göttliche Jahre zusammen verbrachten (vgl. J. Herbert, Mythologies classiques (Larousse)).

---

* *Brahmá = Allgott des Brahmanismus und Hinduismus (A.d.Ü.)*
** *Sarasvati = Herrin des Wassers; Göttin der Kunst, Wissenschaft und Rhetorik (A.d.Ü.)*

Strategie der Abwesenheit, der Umsetzung von Formen und Erscheinungen. Ihnen ihre Fähigkeit und Kraft zur unbegrenzten Ersetzung und zur bezuglosen Verkettung wiedergeben. Verwirren, Trugbilder aufstellen, welche die Evidenzen und die Ordnung der Dinge, des Realen und des Begehrens sprengen. Die Verführung ist nämlich kein Begehren: sie spielt vielmehr damit und setzt sich über es hinweg, d.h. sie bringt es zum Erscheinen und Verschwinden; die Verführung produziert den Schein, um so dem Begehren des anderen auszuweichen*; sie durchkreuzt dessen Zweckbestimmung und führt es seiner eigenen Intensität und Logik entsprechend zum Ziel. Den Schein entsprechend verlagern, um dadurch das leere und strategische Zentrum der Dinge zu treffen, so wie bei der Strategie des Karate und des japanischen Säbelkampfes: niemals frontal die Waffe des Gegners fixieren, niemals den Blick auf die Waffe richten, sondern vorbeizielen, auf den (leeren) Ausgangspunkt des Angriffs und doch genau in dessen Mittelpunkt, im Zentrum der Waffe zuschlagen. Dasselbe gilt für den Metzger von Tschuang-Tse ** er schaut das Rind nie an und lenkt sich ständig von der Evidenz des Rindskörpers ab, um die Schneide des Messers im leeren Zwischenraum der Organe anzusetzen.

So geht es auch mit dem Begehren in der Verführung: niemals als erster begehren oder an-

---

* *faire le vide devant l'autre = jemandem ausweichen (Redewendung) ; wörtlich: die Leere vor dem anderen machen (A.d.Ü.)*

** *Tschuang-Tse (2. Hälfte des 4., 1. Hälfte des 3. Jahrunderts), chinesischer Philosoph und einer der Hauptvertreter des Taoismus. (A.d.Ü.)*

greifen, denn wer als erster angreift oder begehrt, ist verloren.
Niemals sein Begehren dem des anderen entgegenstellen, sondern vorbeizielen, über die Erscheinung hinaus, oder sogar das Begehren verdoppeln und in seinem eigenen Schein die Falle stellen. Bei der Verführung gibt es kein Begehren; so wie der Spieler davon ausgeht, daß es keinen Zufall gibt, glaubt die Verführung an die Nichtexistenz des Begehrens. Es ist, wie alles andere, vielmehr ein Einsatz, der das Spiel ermöglicht. Das Begehren muß wie alles andere verführt werden, wie Gott, das Gesetz, die Wahrheit und das Unbewußte. All diese Dinge existieren nur in dem kurzen Moment, wo man sie in ihrer Existenz herausfordert und mit ihrer Existenz spielt; durch ihre Verführung: d.h. wenn man diesem Bild weiter folgt, kann man sagen, daß sie nicht eher ruhen, bis sie sich in den leeren Abgrund stürzen und dort in einem letzten Aufleuchten der Wirklichkeit verschwinden.
Darin liegt die Attraktivität des dunklen Phänomens der Verführung. Die Dinge prätendieren Geradlinigkeit, wie das Licht im winkelgerechten Raum. Aber sie haben alle eine geheime Krümmung - die Verführung schmiegt sich dieser Krümmung an und akzentuiert sie auf eine subtile Weise; sie treibt die Dinge solange voran, bis sie sich in ihrem eigenen Kreislauf umkehren und den oberflächlichen Abgrund erreichen, wo sie sich auflösen.

Ich habe eben gesagt, daß nur wenige Dinge den Zustand des reinen Scheins erreichen und nur diese sind verführerisch. Aber wir müs-

sen uns fragen, ob die Verführung nicht für alle Dinge unvermeidlich ist, die, nachdem sie die Linie der Wahrheit durchlaufen haben, ihren Zenit im Kreislauf der Erscheinungen finden. Wenn man die Dinge nicht sofort verführt, machen sie sich selbst mit der Grundregel vertraut; mit dieser höheren Konvention, die einen anderen (Spiel)Einsatz vorschreibt als das Reale. Durch die Fähigkeit zu einer allgemeinen (ablenkenden) Brechung (diffraction)* kann bei der Verführung jedes System sein eigenes Realitätsprinzip überschreiten und sich in einer anderen Logik "brechen", d.h. wiederfinden.
So wird auch im Spiel das Geld verführt: (ist es) einmal ins Spiel gebracht, wird das Äquivalenzgesetz ausgeschaltet, und das Geld transformiert sich in eine Substanz der Herausforderung, der gegenseitigen Überbietung und der Verführung. Genauso wird auch das Begehren verführt, und wieder zum Einsatz eines anderen Spiels, das es überschreitet; ein Spiel, wo die Protagonisten des Begehrens nur Statisten sind. Selbst das Gesetz wird verführt: in der Perversion tritt das universelle Moralgesetz nur noch als taktisches Element in einem rituellen und pompösen Raum auf; das eigentliche Gesetz unterliegt den Fängen der Regel - die Perversion besteht darin, daß man sich des Moralgesetzes als arbiträre und diabolische Konvention bedient. Darin liegt ihre Verführungskraft begründet.
Die Verführung wäre daher unvermeidlich; der immer siegreiche Schein. Überall werden

---

* *diffraction: (Licht) Brechung (physik.) (A.d.Ü.)*

wir Zeugen eines verzweifelten Aufblühens von Sinn- und Deutungssystemen, die einer rationalen Operation des Geistes und der Welt einen Weg gebahnt zu haben scheinen. Die Deutung wütet überall und scheint mit einer jegliche Verführung destruierenden Gewalt ausgestattet zu sein - so zählt die Psychoanalyse, mit ihrer Theorie des Begehrens und der Verdrängung, sicherlich zum letzten und schönsten dieser großen Deutungssysteme und doch müssen wir gleichzeitig zu dem Schluß kommen, daß all diese Systeme unfähig sind, etwas anderes hervorzubringen als eine Wahrheit oder irgendeine Objektivität. Es lohnt nicht, seine Energien zu verschwenden, nur um auf eine letzte Wahrheit zu stoßen oder um die Zentren des Widerstandes zu finden (seien sie nun frontal, transversal, elliptisch oder dazwischen) - denn das alles (be)findet sich schon in der verschwenderischen Fülle der Zeichen und der Simulation, in der unheilvollen Umkehrung des Scheinhaften: es ist die Unmöglichkeit für jedes System, sich auf Wahrheit zu gründen; die Unmöglichkeit, irgendein Geheimnis zu lüften bzw. zu enthüllen. Der Diskurs über Wahrheit ist schlichtweg unmöglich, denn er entgeht sich selbst. Alles schlägt sich auf die Seite der Verführung, denn nur dort gibt es Risiko und Schicksal.

Vielleicht hatten wir deshalb so viel Lust, die Verführung zu enthüllen, weil wir sie uns so schlecht 'nackt' vorstellen konnten.
Wenn man nun unbedingt diesen Satz in seiner Bedeutung entschlüsseln will - was eigentlich der Verführung widerstrebt - käme dabei

heraus, daß dieses wütende Enthüllen und dieses Suchen der nackten Wahrheit, dieses obszöne Lüften des Geheimnisses, mit dem alle sich auf Wahrheit und Objektivität berufenden Deutungsversuche herumschlagen, letztlich doch eine Art Sysiphusarbeit darstellen - je mehr man sich ihr (der 'Wahrheit' der Verführung) nähert, desto mehr wird die 'Nacktheit' unmöglich, desto mehr nähert man sich dem Nullpunkt bzw. Omegapunkt, und desto mehr wird dieses Treiben verstärkt. Das ist tröstlich, denn das alles beweist nur, welch unbegrenzten Einfluß die Verführung hat und wie vergebens dieses Treiben ist.
Dem gegenwärtigen System der Dissuasion und der Simulation gelingt es, alle Finalitäten, alle Referentiale und jeglichen Sinn zu neutralisieren; es scheitert allerdings bei der Neutralisierung des Scheins. Das ist unsere letzte Chance.
Das System hat alle Prozeduren der Sinn-Produktion in seiner Gewalt, aber nicht die Verführung des Scheinhaften. Sie entzieht sich jeglicher Deutung; kein System kann sie beseitigen.
Darin läge nun in diesem Sinn eine ganz und gar zeitgenössische Problematik der Verführung - nicht im laschen Sinn, als Verführung der Masse durch die Medien etc., sondern folgendermaßen: wie kann die Verführung eingesetzt werden gegen die aktuellen Verfahren im Polizei- und Datenverarbeitungsbereich, mit den immer komplizierteren Erfassungsmethoden wie z.B. in der Molekularbiologie; gegen alle Kontrollverfahren zur Überprüfung der Identität einer Person, die auf allen mög-

lichen Ebenen läuft (heute bleibt auch das Unbewußte nicht verschont). Im Zusammenhang damit stellen sich folgende Fragen:

- wie tarnt man sich (am besten)?
- wie verstellt man sich?
- wie putzt man sich in seiner Aufmachung (d.h. in einer Strategie des Scheinhaften) am besten heraus?

Die Verführung präsentiert sich als letztes Ausbrechen, als unbegrenzter Rückgriff auf Kunstgriffe des Körpers, als Überlebensstrategie - als Verschleierung der Wahrheit und als Tarnung des Körpers; als Verflüchtigung der Bezüge; das System präsentiert sich nämlich vor allem als System der totalen Überwachung, Erfassung und Abschreckung*, sozusagen mit einem terroristischen Bezug zur Wahrheit (sogar die genetische Information wird gespeichert). Gegen all dies setzt die Verführung auf eine unbegrenzte Verbreitung von Trugbildern, auf Formen des Verschwindens und auf Ausflüchte, d.h. auf eine dem System noch überlegenere Dissuasion.
Die Verführung kann heute all die gegen Gott und die Moral mobilisierten, unheilvollen Kräfte, alle Stärken der List und des Teufels, der Dissimulation und der Abwesenheit, der Herausforderung und der metaphysischen Umkehrung des Scheinhaften wieder aufbieten gegen die terroristische Vereinnahmung der Wahrheit und der Verifizierung: gegen all die uns einengenden Erfassungs- und Programmierungsmethoden.

---

* *Baudrillard benutzt an dieser Stelle den amerikanischen Ausdruck "deterrence" (=Abschreckung, Abschreckungsmittel) (A.d.Ü.)*

Japanisches Schwertfechten,
eine Fotoserie von Gerhard Hackner

DIE SEISMISCHE FORM

Der seismischen Form gehört die Zukunft. Sie stellt die kongenitale Katastrophenform im Zeitalter der Simulation dar (ich weiß nicht warum) - eine grund- und bodenlose Form der Spalte, des Bruchs und des Sprungs, die Form zerspringender und brüchiger Gegenstände; die Form, bei der gewaltige Schollen und ganze Flächen übereinandergleiten und starke Oberflächenbeben verursachen. Uns frappiert nicht mehr die vernichtende Lava: dieser Feuerschlund, der die Erde besäte und noch eine Strafe und Läuterung mit sich brachte. Es handelt sich hier nicht um die Sintflut, sondern vielmehr um eine Urkatastrophe als Beginn der Welt; also genau um die großen legendären und mythischen Formen, die uns dauernd beschäftigen. Die Explosion, die als Form(prinzip) in der Besessenheit nach der Nuklearkatastrophe kulminierte, erscheint uns gegenwärtiger zu sein (umgekehrt hat sie aber auch den Mythos vom großen Urknall (Big Bang) als dem Ursprung des Universums genährt). Das Erdbeben, die seismische Form, hat, so könnte man sagen, einen moderneren und aktuelleren Charakter, was wieder einmal bestätigt, daß die Katastrophen sich ihrer jeweiligen Kulturform anpassen. So unterscheiden sich auch die Städte durch eine sie bedingende Form der Katastrophe, die jeweils ihren lebhaften Reiz ausmacht. New York, das ist King-Kong, black-out und die vertikale Bombardierung. Tower-Inferno. Los Angeles repräsentiert einen horizontalen Bruch und das Abgleiten Kaliforniens in den Pazifik. Earth Quake. Heute haben wir es mit einer unserer Erinnerung näher liegenden Form zu tun: sie gehört zum System der Spaltungen und unmittelbaren Ausbreitung; zu vergleichen mit einem Wellensystem, einer Ordnung des Spasmischen und der direkten (polaren) Vertauschung. Der Himmel fällt einem nicht mehr auf den Kopf, doch rutscht einem jetzt der Boden unter den Füßen weg. Wir befinden uns in einem spaltbaren Universum, im Packeis, im horizontalen Abdriften. Das uns (be-)drohende Erdbeben bewirkt, auch in einem geistigen Sinn, einen Einbruch der Zwischenräume; das Aufsprengen von fast untrennbar verbundenen Dingen, das Aufbrechen der sich im Vakuum zusammenziehenden Gegenstände. Denn im Grunde (!) genommen hat es eh nie einen Grund oder eine Tiefe gegeben, sondern lediglich eine rissige Oberfläche, die sich bekanntlich in Fusion befindet. Die Erdbeben sagen es, sie sind das Requiem des Unterbaus. Und wir werden nicht mehr gespannt auf die Sterne oder den Himmel lauern müssen, sondern auf die unterirdischen Gottheiten, die uns mit dem Sturz in den Abgrund drohen.

Die Energie der Erdbeben auffangen: der helle Wahnsinn; genauso ein Wahnsinn wäre es, wenn man etwa Energie aus Autounfällen, überfahrenen Hunden, aus all dem, was fällt und zusammenbricht, gewinnen würde. Eine neue Perspektive, vielleicht sogar eine neue Hypothese: wenn alle Dinge eher dazu tendieren, zu verschwinden und zusammenzubrechen, könnten Unfall und Katastrophe zur zukünftigen Hauptenergiequelle werden. Eines ist gewiß: wenn es uns nicht einmal gelingt, die seismische Energie aufzufangen, kann auch die symbolische Welle niemals beruhigt werden: die symbolische Energie (wenn man so sagen kann), d.h. die Faszinationskraft und Ironie, die ein solches Ereignis freisetzt, steht in keinem Verhältnis zu dem von ihm ausgelösten destruktiven materiellen Energiepotential.

Genau diese symbolische Kraft, diese Durchbruchsenergie der Katastrophe will man in einem wahnsinnigen Vorhaben bändigen; und in einem direkteren Plan will man Erdbeben voraussehen, um ihnen mit Evakuierungsaktionen zuvorkommen zu können. Das witzigste daran ist, daß die in diesem Bereich sehr bewanderten Experten (!) aus San Francisco ausgerechnet haben, daß der aufgrund eines unmittelbar bevorstehenden Erdbebens ausgerufene Not- und Evakuierungszustand eine Panik auslösen würde, die in ihren Auswirkungen verheerender als die eigentliche Katastrophe wäre. Auch hier die totale Lächerlichkeit (des Systems; aber keine Ironie des Schicksals). Mangels einer wirklichen Katastrophe wird es wohl erlaubt sein, durch Simulation eine Katastrophe auszulösen, die es mit jener durchaus aufnehmen und sie sogar noch besser ersetzen kann. Man fragt sich, ob nicht genau das den "Experten" im Kopf herumspukt - genau das gleiche spielt sich im Nuklearbereich ab: Spielen nicht alle Präventiv- und Dissuasionssysteme ihre Rolle als potentielle Katastrophenherde? Unter dem Vorwand, die Katastrophe verhindern zu wollen, tragen sie deren Konsequenzen ins Unmittelbare, ins Hier und

Jetzt. Was wieder einmal bestätigt, daß man beim Zerstören und Vernichten nicht auf dem Zufall zählen kann: es muß im Sicherheits- und Dissuasionssystem ein unmittelbares Äquivalent gefunden werden.
Es ist daher auch offensichtlich, daß ein Staat oder sonst irgendeine Macht, mag sie auch noch so gut die Erdbeben voraussehen und allen Folgen zuvorkommen können, letztlich sogar das Überleben der Gattung stärker bedroht als die eigentlichen Erdbeben. Die süditalienischen Terremotati (Erdbeben) haben den italienischen Staat sicherlich wegen seiner Fahrlässigkeit getroffen (die Medien waren noch vor den Hilfsdiensten am Ort des Geschehens, offensichtliches Merkmal der gegenwärtigen Hierarchie von Dringlichkeiten sowie des wirklichen (Ab-) Laufs der Dinge); zu Recht wurde dem politischen System die Katastrophe zur Last gelegt (insofern es nichts anderes mehr prätendiert als nur noch eine terroristische Fürsorge gegenüber bestimmten Bevölkerungsgruppen), aber nie und nimmer würde jemand im Traum an eine Ordnung denken, die selbst zu einer solchen Dissuasion der Katastrophe fähig wäre: der Preis wäre, daß jeder im Grunde genommen die Katastrophe bevorzugt - sie entspricht mit ihrem Elend zumindest dem prophetischen Bedürfnis nach gewaltsamem Verschwinden und dem starken Bedürfnis nach Verspottung des politischen Systems. Das gleiche gilt für den Terrorismus: Was ist das wohl für ein Staat, der in der Lage ist, jeglichen Terrorismus im Keim zu ersticken und aufzulösen (BRD)? Muß er sich nicht selbst mit einem Terrorismus ausstatten und ganz einfach den Terror auf allen

Ebenen verallgemeinern? Was ist nun der Preis für diese Sicherheit und träumt wirklich jeder ernstlich davon?

Pompei Revisited

Alles in dieser Stadt ist metaphysisch, bis in ihre traumhafte Geometrie hinein, die sich nicht als räumliche, sondern als geistige Geometrie der Labyrinthe darstellt - diesseits der Zeit, die in der Mittagshitze noch stärker gefriert. Welch ein großartiges psychisches Erlebnis, die spürbare Präsenz der Ruinen, ihre Spannung, ihre Schatten(bildungen), ihre Alltäglichkeit. Koinzidenz der Banalität eines Spaziergangs und der Immanenz einer anderen Zeit, eines anderen, einzigartigen Moments, dem Augenblick der Katastrophe. Die mörderische, aber aufgehobene Anwesenheit des Vesuv gibt den toten Straßen den Reiz der Halluzination - die Illusion, schon vor der eigenen Geburt da zu sein, im Hier und Jetzt,am Vorabend der Eruption, und man steht zweitausend Jahre später wieder auf, tot und wieder lebendig, durch ein Wunder der Nostalgie, in der tiefen Immanenz eines früheren Lebens. Nur wenige Orte hinterlassen einen solchen Eindruck von Unheimlichkeit (es ist kein Zufall, daß Jensen und Freud* dort auch das "psychische" Agieren Gradivas ansiedelten). Die ganze Wärme des Todes spürt man hier, die sich noch durch die fossilen und kurzlebi-

---

* *vgl. dazu S. Freud: Der Wahn und die Träume in W. Jensens "Gradiva", mit dem Text der Erzählung von Wilhelm Jensen (Hrsg. und eingeleitet von B. Urban und J. Cremerius), Frankfurt/M. 1973 (Taschenbuch-Ausgabe) (A.d.Ü.)*

bigen Zeichen des Alltagslebens steigert: die Aushöhlung der (Ge)Räder im Gestein, die Abnutzung der Brunnen(kränze), das versteinerte Holz einer halbgeöffneten Tür, die Togafalte eines in Asche begrabenen Körpers - es stellt sich keine historische Zeit zwischen diese Dinge und uns, keine Zeit, um den Monumenten ihr Prestige zu verleihen: hier in der Wärme des sie überraschenden Todes werden sie sofort materiell. Weder die Monumentalität noch die Schönheit sind wesentlich für Pompeji, sondern die Intimität der Dinge, die Faszination ihrer Unmittelbarkeit; es ist sozusagen das vollendete Simulakrum unseres eigenen Todes.

Pompeji stellt also eine Art Trompe-l'œil und Urszene dar: der gleiche Taumel abzüglich einer realen Zeitdimension - die gleiche Halluzination mit einer zusätzlichen Dimension, nämlich einer Transparenz der kleinsten Details Deines Lebens; wie die genaue Vision, die man vom Meeresgrund oder von lebenden, auf den Grund eines künstlichen Sees versunkenen Bäumen erhält, wenn man beim Schwimmen darüber hinweggleitet.

Die geistige Wirkung der Katastrophe besteht darin, die Dinge anzuhalten, bevor sie ihr Ende erreichen, und sie in der ewigen Spannung ihres Verschwindens zu halten.

Pompeji: wieder einmal durch ein Erdbeben verwüstet. Was ist das für eine Katastrophe, die sich wild auf Ruinen stürzt? Was ist das für eine Ruine, die es nötig hat, ständig wieder niedergerissen und verschüttet zu werden? Sadistische Ironie der Katastrophe: sie wartet insgeheim darauf, daß die Dinge und selbst die Ruinen wieder ihre Schönheit und ihren Sinn annehmen, um sie anschließend wieder zu zerstören: sie wacht eifrig darüber, daß die Illusion der Ewigkeit zerstört wird, aber sie spielt auch mit ihr, indem sie die Dinge in einer zweiten Ewigkeit zur Erstarrung bringt. Genau das, dies Versteinerte, diese Erstarrung eines geschäftigen Lebens, durch eine katastrophische Unmittelbarkeit,machte gerade den Reiz Pompejis aus. Die erste Katastrophe, die des Vesuv, war gelungen. Die des Erdbebens ist viel problematischer. Sie scheint in einer parodistischen Wirkung der Regel von der Verdopplung der Ereignisse zu folgen. Läppische Probe der großen Premiere. Vollendung eines großen Schicksals; eine erbärmliche göttliche Natur hat dabei noch etwas nachgeholfen. Aber vielleicht hat das Erdbeben auch einen anderen Sinn, nämlich den,uns zu ermahnen, daß die Zeiten der grandiosen Erdrutsche und Wiederauferstehungen, die Zeiten der Spiele um Vergänglichkeit und Ewigkeit vorbei sind; an ihre Stelle treten, durch progressive Verschiebungen, die kleinen Ereignisse, sozusagen "süße" Vernichtungen,ohne einen neuen Morgen, weil es ja gerade die Spuren sind, die dieses neue Schicksal auslöschen. Dies alles macht uns mit dem horizontalen Zeitalter der folgenlosen Ereignisse vertraut, wo der letzte Akt leicht parodienhaft durch die Natur selbst inszeniert wird.

Ausbruch des Vulkans Mount St. Helena (USA)

DAS FATALE
ODER
DER UMKEHRBARE LAUF DER DINGE

Der Zufall geht mir auf die Nerven.
Gott

In einem weiten jugoslawischen Tal scheinen sie den Zufall dank eines besonderen Glücksfalls beseitigt zu haben.

Wir können darauf hinweisen, daß der Zufall schon seit langem durch einen x-beliebigen Glücksfall beseitigt worden ist.

Zwei Hypothesen über den Zufall. Erstens: Alle Dinge sollten sich eigentlich treffen, doch allein der Zufall verhindert dies. Zweitens: Alle Dinge sind in sich unabhängig voneinander, allein der Zufall ermöglicht ein Aufeinandertreffen.
Die letzte Hypothese ist allgemein bekannt; die andere, paradoxe, ist jedoch interessanter. Jedenfalls bleibt die bekannte Version ziemlich ambivalent: Hält der Zufall nun die Dinge in einer zufälligen Verstreuung (ganz seiner Definition entsprechend) oder ermöglicht er schließlich, daß sie von Zeit zu Zeit aufeinandertreffen? Man kann gut mit beiden Bedeutungen gleichzeitig arbeiten. Die Dinge folgen dem Zufall - und dieser bringt sie auch zusammen. Wir haben es also hier mit einer schönen Unlogik zu tun. Drückt der Zufall nun eine völlige Gleichgültigkeit, d.h. Bezugslosigkeit der Dinge untereinander aus, oder ist er eher Ausdruck eines geheimen Willens, eine Art *malin génie* der Lust an ungewöhnlichen Vereinigungen?
Die Lösung dieser Unlogik sähe vielleicht fol-

gendermaßen aus: Die moderne Wissenschaft hat schon längst die Ungereimtheiten einer deterministischen Weltsicht aufgedeckt und dabei eine auf Zufall beruhende Welt hervorgebracht, die auf Kosten des objektiven Kausalitätsprinzips ging. Sie hat also alles auf den Begriff des Zufalls gebracht; gleichzeitig richtete sie aber ihre Aufmerksamkeit auf andere, non-kausale und verborgene Zusammenhänge (die Psychoanalyse hat z.B. mit ihrer Theorie des Unbewußten den Zufall für die Versprecher, Fehlleistungen, Träume und den Wahnsinn ausgeschaltet). Und damit ist noch eine andere rätselhaftere Notwendigkeit aufgetaucht, eine Notwendigkeit, der im Prinzip nichts entgehen kann: als psychologische bzw. strukturale Prädestinierung ist die Tiefenstruktur aller Dinge zwar unbewußt, aber mit ihrer Regel beseitigt sie nichtsdestoweniger den Zufall. Wir haben also unter der (Vor)Herrschaft der intelligiblen Gründe und Ursachen den Zufall nicht durch Wahrheit, sondern durch einen mysteriösen Verkettungsmechanismus ersetzt. Der Zufall würde (in diesem Sinne) daher weniger einem provisorischen Zustand entsprechen, als Ausdruck für die Unfähigkeit der Wissenschaft alles zu erklären - in diesem Fall gäbe es immerhin noch etwas Faßbares -; vielmehr korrespondiert hier der Zufall mit einem Übergang vom kausalen Determinismus hin zu einem ganz anderen System des Nicht-Zufalls. Es gäbe dann also gar keinen Zufall.
Es ergibt sich noch ein weiteres Problem: Der Zufall setzt (zumindest in seiner zweiten Definition) eine Koinzidenz voraus, d.h. zwei Serien, Ereignisse, Individuen oder Partikel müs-

sen aufeinandertreffen. Auch wenn die Wahrscheinlichkeit dieser Koinzidenz äußerst gering ist, muß es doch zu diesem Zusammentreffen kommen, ebensosehr wie bei der Kausalität eine gewisse Kontiguität von Ursache und Wirkung vorausgesetzt werden muß. Dieses Postulat steht aber auf ziemlich wackeligen Füßen. Es *ist ungewiß, ob die Begegnung überhaupt möglich* ist - es sei denn, in einer Welt der reinen Kräfteverhältnisse, einer Welt, in der die Dinge, Körper, Individuen und Ereignisse sich treffen, zusammenstoßen und zusammenprallen können, eben gerade weil sie die "Aura" verloren haben, von der sie normalerweise umhüllt sind und die jegliche Promiskuität verhindert. In einem ehrwürdigen, zeremoniellen Universum kommt es nie zu einer Berührung und einem Aufeinandertreffen der Dinge. Sie sind zuverlässig miteinander verkettet und doch beziehungslos. Die Kunst besteht eben gerade darin, jeglichen Kontakt zu vermeiden. Wir brauchen uns nur anzuschauen, wie sich bei einer Zeremonie zwar Gesten, (Fest)Kleidungen und Körper jeweils leicht streifen und herausfordern, sich aber nie berühren. Es gibt keinen Zufall bzw. Versprecher, der die Körper jemals zusammenbringen könnte; und auch keine Unordnung, die den Dingen plötzlich die Möglichkeit gäbe, sich zu vertauschen.
Das gleiche gilt für unsere Körper und unser Alltagsleben. Zuerst mußte einmal diese Aura aufgebrochen werden, die unsere Gesten und Körper umhüllt, damit sie sich (überhaupt erst) zufällig auf der Straße treffen, sich so zahlreich in den Städten bzw. Lagern konzentrieren, sich schließlich näherkommen und in

der Liebe vereinigen konnten. Es bedurfte einer ungeheuren Kraft, um diese magnetische Distanz,in der jeder Körper sich bewegt,aufzubrechen; genauso viel Kraft benötigte man, um den indifferenten Raum zu schaffen, der es dem Zufall ermöglicht,einen Kontakt zwischen ihnen herzustellen. In jedem von uns ist noch etwas von dieser widerspenstigen Kraft vorhanden; dies gilt auch für den Mittelpunkt der modernen säkularisierten Räume und für die Art, wie wir mit unseren räumlich emanzipierten und sexuell befreiten Körpern umgehen. Es gibt immer noch etwas von diesem starken, jegliche Promiskuität ausschaltenden Tabu, das jede unerwartete Begegnung und jede zufällige Fusion bzw. Konfusion verbietet. Der Zufall beruht nämlich nur auf dieser Freiheit, die es den Körpern bzw.,auf mikroskopischer Ebene, den Partikeln ermöglicht, sich auf beliebige Art in einem undifferenzierten Raum fortzubewegen. Diese Freiheit ist schändlich und obszön und zwar vom symbolischen Standpunkt aus gesehen, der immerhin für jedes Sein einen unantastbaren Raum voraussetzt. (Dies hier hat nichts mit irgendeiner Art von Puritanismus zu tun, sondern vielmehr mit dem symbolischen Raum, durch den die Körper erst in Bewegung kommen und durch den sie sich erst frei entfalten können.) Daher stellen der Zufall und die Wahrscheinlichkeitsstatistik, die unsere moderne Welt ausmachen, schmutzige und obszöne Modalitäten dar. Wir müssen uns damit unter dem Banner der Freiheit abfinden, aber eines Tages taucht sie wieder auf, diese "Ent-Bindung" (déliaison) und 'Entpflichtung' (desobligation)*, die vielfältige Begegnungen ermöglichen und die die Brown'sche Bewegung** unserer Leben beschleunigen. In Form einer Unbestimmtheit, einer uns bedrückenden, demütigenden Gleichgültigkeit. Der Zufall geht nicht nur Gott, sondern auch uns auf die Nerven.

Die abendländische materialistische Philosophie geht davon aus, daß die Welt ursprünglich aus reiner, sich zufällig und unkontrolliert bewegender Materie bestand. Die Urszene unserer Erde wäre also ziemlich öde, käme da nicht irgend ein Gott daher, um ihr eine Seele, einen Sinn bzw. eine Energie zu geben - nur Gott kann die Welt aus diesem ursprünglichen Chaos befreien und eine Ordnung herstellen.

"Der Zufall enthielt die Ordnung, und als diese schließlich da war, überließ sie ihren Platz in der Schöpfung dem Zufall." (A. Verdet)

Es war schon immer ein Hauptproblem, aus dem vermeintlichen Chaos die Ordnung zu machen, Bewegung zu schaffen und Sinn zu produzieren. Das versetzt uns in panische Angst und doch ist es auch unser Ideal; das Profil unserer Katastrophe (nämlich Entropie).

Die Vorstellung, daß wir in dieser Welt einige rationale Verkettungen nur zum Preis ewiger

---

** "déliaison" und "desobligation" sind künstliche Wortschöpfungen.*
***Brown'sche Bewegung: die von dem englischen Botaniker Robert Brown 1827 entdeckte Zitterbewegung, die mikroskopisch kleine Teilchen (z.B. Staub) in Gasen oder in Flüssigkeiten ausführen: beruht auf den unregelmäßigen Stößen der Moleküle des umgebenden Mediums. (A.d.Ü.)*

Anstrengung erhalten, die zudem immer ins Nichts zurückfallen können, diese Vorstellung ist ungeheuer pessimistisch und verzweifelt. Selbst Gott hat die Nase voll. "Der Zufall geht Gott auf die Nerven", sagte einmal ein Theologe angesichts des Verbots von Glücksspielen. Gott kann sich also nur mit dem Zufall herumschlagen (übrigens hat er letztlich die Segel gestrichen und einer wirklich zufälligen Weltsicht das Feld überlassen). Bei solch einem Ausgangspunkt gibt es keinen anderen Ausweg. Wenn man davon ausgeht, daß für die Information des Universums, für die Bildung von Signifikantenketten und die zerbrechlichen kleinen Inseln des Anti-Zufalls Energie notwendig ist, so wird diese Energie früher oder später fehlen, und selbst Gott wird nicht über genug Kräfte verfügen, um der Zerstörung des Sinns zu widerstehen. Jeder hätte dabei aufgegeben und so hat schließlich auch Gott aufgehört zu kämpfen, indem er sich vor dem Aufkommen eines sinnlosen Universums zurückgezogen hat. Gott wird nicht etwa durch den Zufall verärgert, tief gekränkt oder gar bedroht: ihm reichts einfach. Toll!

Man kann diesen schönen Satz auch ganz einfach umdrehen, d.h.: Gott geht es nicht etwa auf die Nerven, gegen den Zufall kämpfen zu müssen, vielmehr hat er einfach die Nase voll, *ihn auch noch produzieren zu müssen*: Gott ist nämlich für immer und ewig an diese Aufgabe gebunden, denn eigentlich *gibt es ja keinen Zufall*, und wenn es ihn schon geben muß, dann kann ihn nur ein Gott erzeugen, weil es sich dabei um eine übermenschliche Aufgabe handelt.

Es muß den Zufall geben, damit die Dinge sich nicht zwangsläufig und unablässig miteinander verketten, was für die Menschen, sei es nun im Glück oder Unglück, unerträglich wäre.Es muß den Zufall geben, damit die Menschen spielen und an Glück und Pech glauben können, was sie auch von jeglicher Schuld befreit.Der Glaube an ein mögliches Unglück,an die rein zufällige, nicht-signifikante, bezugslose und unverantwortliche Koinzidenz (von Ereignissen), wie z.B. der Tod eines Freundes, ein Schicksalsschlag oder eine Naturkatastrophe, dieser Glaube ist lebenswichtig; welch eine große Belastung, was noch für eine zusätzliche Verantwortung und Schuld ergibt sich, wenn all diese Dinge, von der Tatsache einmal abgesehen, daß "sie niemals allein auftreten", außerdem auch noch auf einen Willen, auf eine objektive und subjektive Bosheit, mag es auch Gott selbst sein, zurückgeführt werden müssen. - Mit der Unschuld des Werdens ist es wohl vorbei! Die Urmenschen glaubten noch an solch ein Universum, an eine Ordnung der Allmacht des Denkens und des Willens, an eine Ordnung ohne jegliche Spur von Zufall, aber gerade deshalb lebten sie in Magie und Grausamkeit. Der Zufall läßt uns aufatmen: was ein Glück, daß ihn eigentlich niemand wollte! Also hat uns Gott, ungeheuer barmherzig wie er nun einmal ist, den Zufall geschenkt. Wer in einer unangenehmen Situation drinsteckt,aus der er herauskommen will, sagt übrigens oft: "Gott hat's so gewollt" (d.h., letztlich niemand). Nun geht es Gott schließlich doch auf die Nerven, es gewollt zu haben, und es ist gut möglich, daß er von Zeit zu

Zeit seinen (guten) Willen rückgängig macht und die Welt den Sachzwängen, d.h. der totalen Prädestinierung ausliefert.

Der Zufall setzt einen außergewöhnlichen Gott voraus, der noch viel außergewöhnlicher ist, als der alles nach seinem Willen lenkende Gott, der alle Dinge in einer universellen Prädestinierung bzw. verhängnisvollen Verkettung zusammenbringt. Nichts fällt den Dingen nämlich leichter als sich zu verketten und zu verwandeln. Um das zu verhindern und um eine rein zufällige Welt zu erhalten, müssen ein Wille und eine unendliche Energie(quelle) vorausgesetzt werden; selbst Gott käme nicht damit zurecht, alle Partikel zu isolieren, alle Sequenzen und vereinzelten Verführungen auszuschalten und die absolute Herrschaft des Zufalls aufrechtzuerhalten. Der Zufall ist ein Kunstgriff, zumal es äußerst unwahrscheinlich ist, daß es ihn überhaupt gibt (übrigens ganz genau so wenige Beweise gibt es für die Existenz Gottes).

Unser Gott, der vernünftig-rationalistische Gott ist offensichtlich unfähig dazu, den Lauf der Dinge zu regeln. Seine *raison d'être* besteht darin, für einige Kausalketten zu bürgen und sie abzusegnen; Kausalketten, die ihm erlauben werden, ein letztes Gericht über die Welt zu halten; diese Kausalketten ermöglichen es ihm, den Nebel, der seine klare Wahrnehmung des Chaos trübt, wenigstens bei einigen Stellen zu vertreiben, so daß es zu einer Minimalunterscheidung zwischen Gut und Böse kommen kann. Der Teufel versucht dagegen immer, diese schwierigen Anordnungen durcheinanderzubringen, während die Verführung ständig die Unterscheidung zwischen Gut und Böse verwischt - kein Wunder also, daß Gott tot ist und (dabei) eine ganz und gar freie und zufällige Welt zurückgelassen hat; kein Wunder, daß er einer blinden Gottheit namens Zufall die Regelung der Dinge überlassen hat.

Gott hat seinen Vertrag eigentlich also gar nicht erfüllt. Er, der doch Grund aller Dinge sein sollte, hat schließlich erreicht, daß das, was grundlos ist und bei einer äußerst seltenen und sehr unwahrscheinlichen Verbindung passiert, viel sinnträchtiger ist als das, was letztlich auf einem Grund beruht. Das zufällige Ereignis nimmt einen Sinn und eine Intensität an, den wir vernünftigen Ereignissen nicht mehr beimessen. In einer allzu geordneten und determinierten Welt schafft der Zufall besondere Wirkungen, ja er ist sogar selber ein Spezialeffekt, denn er bedeutet für das Imaginäre die Perfektion des Zufalls (so ähnlich wie in einer Kette von Gegenständen, wo nur der mißlungene Gegenstand einen aussergewöhnlichen Wert hat). Wir befinden uns also in einer paradoxen Welt: das Zufallsprodukt hat mehr Sinn und Reiz als die intelligiblen Verkettungen. Vielleicht ist diese Situation auch nur konjunktureller Natur: der Reiz und der (tiefere) Sinn, den wir im Zufall entdecken, die spöttische und diabolische Lust an zufälligen Verbindungen lassen sich wahrscheinlich nur mit der Lust Gottes vergleichen, der in einer chaotischen Welt die erste Kausalkette erfand. Er war der Teufel seiner Zeit und wurde schließlich höchstwahrscheinlich verbrannt.

Aber all das beruht auf der wackeligen Hypothese über eine chaotische Welt, gegen die mittels rationaler Verkettungen gekämpft werden muß. Die entgegengesetzte, ergiebigere Hypothese ist wesentlich plausibler: eine Welt, in der es absolut keinen Zufall gibt - nichts ist tot, nichts leblos, unverkettet, bezugslos oder zufällig; ganz im Gegenteil: alles verkettet sich auf verhängnisvolle bzw. sehr schöne Weise. Es läuft nicht über rationale Verkettungen (denn die sind weder verhängnisvoll noch schön) ab, sondern über den ruhelosen Kreislauf von Metamorphosen, über verführerische Verkettungen von Formen und Erscheinungen. Betrachtet man die Welt als eine Substanz, der es an Energie mangelt, dann lebt sie ja im bewegungslosen, energielosen Terror des Zufalls. Er ist sogar unentbehrlich, betrachtet man das Ganze unter dem Aspekt der sinnlosen Entwicklung der Erscheinungen. So gesehen,gibt es also überall Verbindungen und Verführung - nichts ist isoliert, oder dem Zufall überlassen - die absolute Korrelation. Das Problem scheint eher darin zu bestehen, diese Korrelation der Ereignisse an bestimmten Stellen abzubremsen und zu stoppen wie bei diesem Taumel der Verführung und der gegenseitigen Verkettung von Formen; dieser magischen Ordnung (andere werden es magische Unordnung nennen), die von selbst wieder vor unseren Augen auftaucht, und zwar in Gestalt von glücklichen bzw. unglücklichen Sequenz- bzw. Koinzidenzketten; sie tauchen wieder auf in Gestalt von Schicksal und unvermeidbaren Verkettungen, dann, wenn alle Ereignisse sich wie durch ein Wunder ordnen - wir kennen das alles vom Schreiben und vom Sprechen her, denn die Wörter unterliegen dem gleichen schicksalhaften Ordnungszwang, wenn man sie frei zum Tragen kommen läßt; die gesamte Sprache kann in einem einzigen Satz verschwinden, und zwar durch einen verführerischen Effekt, der die flottierenden Zeichen in einer entscheidenden Verkettung zusammenfaßt. Wir kennen diese Kettenreaktion genausogut wie die Selbstverständlichkeit,mit der sie sich durchsetzt, und wir kennen auch die merkwürdige Vertrautheit, den der Lauf der Dinge wiederfindet, wenn er ganz von selbst funktioniert, durch eine reine Kontiguität der Tatsachen und Ereignisse - d.h. dann,wenn wir ihn nicht mit unseren rationalen Verkettungen,unseren logischen, zweckbestimmten Konstruktionen bzw. dem unwichtigen Verlauf einer Geschichte konfrontieren.

Dies alles kommt dem sehr nahe, was Lévi-Strauss, in linguistischen Begriffen, den "Überfluß an Signifitantem"* nennt - es handelt sich dabei um die Vorstellung, daß der Signifikant in einer solchen Überfülle vorhanden ist, daß das Signifikat ihn glücklicherweise niemals verbrauchen kann. Diese überreichliche Ordnung des Signifikanten ge-

---

** vgl. dazu z.B. C. Lévi-Strauss: Strukturale Anthropologie, Fft./M. 1981[2] S. 199 (A.d.Ü.)*

hört zur Magie (und zur Poesie) - nicht zum Zufall oder zur Unbestimmtheit; ganz im Gegenteil handelt es sich hier um eine geregelte Ordnung; es ist eine Notwendigkeit, die wesentlich wichtiger ist als die Regelung der Verbindung von Signifikant und Signifikat (was größtenteils arbiträr ist). Die schwierige Arbeit der Verbindung von Signifikaten und Signifikanten ist das Werk der Vernunft; sie bremst und resorbiert in gewisser Hinsicht diese fatale Überfülle. Die magische Verführung der Welt muß reduziert, d.h. beseitigt werden. Und sie wird genau an dem Tag verschwinden, an dem jeder Signifikant sein Signifikat erhält, dann,wenn nämlich alles einen Sinn und eine Wahrheit bekommt. Das ist dann wohl offensichtlich der Weltuntergang. Die Welt wird buchstäblich zugrunde gehen, wenn alle verführerischen Verkettungen den rationalen das Feld überlassen. Das Katastrophenunternehmen, in das wir verwickelt sind,besteht darin, jegliche Fatalität in Kausalität bzw. Wahrscheinlichkeit aufzulösen - eine echte Entropie. Es ist zu bezweifeln, ob dieses Unternehmen jemals gelingen wird, aber ohne Zweifel stellt jedoch das Schicksal, und nicht der Zufall, den "natürlichen" (Ab)Lauf der Dinge dar. Die Vernunft soll das Schicksal brechen, d.h. die überwältigende Verführung der Formen, nicht aber den Zufall, dem sie sehr gut das Feld überlassen könnte. Um es noch einmal zu wiederholen: der Zufall enthielt die Ordnung, und als diese da war,überließ sie ihre Rolle in der Schöpfung dem Zufall.

Die Leistung der Vernunft besteht bestimmt nicht darin, etwa Verkettungen, Beziehungen oder Sinn zu schaffen. Das gibt es schon von Anfang an in Hülle und Fülle - die Leistung der Vernunft besteht ganz im Gegenteil darin, Neutrales und Indifferentes hervorzubringen, Konstellationen und untrennbare Konfigurationen zu entmagnetisieren, um daraus erratische Elemente zu schaffen, die dann dazu bestimmt sind, ihren Grund zu finden oder ziellos herumzuirren. Den ständigen Kreislauf des Scheins durchbrechen. Der Zufall resultiert aus dieser Zerschlagung; er ermöglicht sogar die Unbestimmtheit der Elemente, ihre respektive Gleichgültigkeit bzw. kurz: ihre Freiheit.

Es gibt also nur den Zufall, den wir künstlich durch die Liquidierung der Formen geschaffen haben. Der Zufall hat nie existiert, vor allem nicht in der ursprünglichen Form, die wir ihm zuschreiben. Ursprünglich läßt sich jede Form jeweils über die andere erklären oder anders formuliert: sie setzen sich jeweils notwendigerweise gegenseitig voraus, d.h. *es gibt keine (Sinn)Leere*.

Der Zufall setzt eine Art Leere voraus, nämlich Stellen der Auflösung von jeglicher Substanz und Form, Intervalle, wo es buchstäblich nichts gibt. Diese Vorstellung ist für jedes andere Denken als unser modernes undenkbar. Es ist bestimmt kein Zufall (!), daß, wie Jacques Brosse* zeigt, die Erfindung des Zu-

---

** Jacques Brosse, "Le hasard et les traditions extrême-orientales" in: TRAVERSES, Nr. 23, Nov. 1981*

falls und der (Sinn)Leere (le vide) sich zur gleichen Zeit, ungefähr im 17. Jahrhundert, um Leute wie Pascal und Torricelli vollzog. Der moderne Mensch hat diese neutralen Konzepte, diese Simulationen des Mangels buchstäblich erfunden: Der Zufall, die Leere - ein Universum ohne Bezug, ohne Form, ohne Schicksal, ein Raum ohne Inhalt -; zwei formale Abstraktionen, die eine Modernität schufen, aus der sich Verdammnis und Gnade im 17. Jahrhundert langsam zurückzogen, indem sie ihren Platz an eine experimentelle Weltschöpfung und an eine statistische Ausrottung abgaben.

Das Glücksspiel verdeutlicht paradoxerweise das Fehlen des Zufalls und sogar seine radikale Verneinung im Kopf des Spielers. Der Spieler will ganz gewiß nichts mit dem Wahrscheinlichkeits"gesetz" bzw. den großen Zahlen"gesetzen" zu tun haben - dies reißt einen genauso wenig vom Stuhl wie jede andere objektive Verkettung, oh nein, der Spieler sucht das Glück, und zwar nicht in Form eines punktuellen, kurzlebigen Zufalls, sondern als Zeichen von Auserwählung, in Gestalt eines Prozesses allgemeiner Verführung, den gerade die Spielregeln (und eben nicht die Wahrscheinlichkeitsgesetze) auffangen wollen; der Spieler sucht das Glück in Form einer Kettenreaktion mit einer ungeheuren verhängnisvollen Anziehungskraft.*

** Das Glück, vom Schicksal auserwählt zu sein, steht in totalem Gegensatz zur statistischen Wahrscheinlichkeit. Offensichtlich eliminiert die Statistik als objektive Wahrscheinlichkeitsberechnung jegliche Form von Zufall und Schicksal. Daher glaubt im Grunde genommen kein Mensch daran, genausowenig wie der Spieler an den Zufall, sehr wohl aber an das Glück glaubt. Ein amüsantes Beispiel*

Im Spiel besteht die ganze Strategie darin, eine De-Eskalierung der rationalen Ursachen und eine umgekehrte Eskalierung magischer Verkettungen auszulösen. Nicht etwa eine günstige Gelegenheit nach der anderen (die berühmte gleiche Wahrscheinlichkeit des Zufalls bei jedem Versuch), sondern, im Gegenteil, eine fatale Verkettung glücklicher bzw. unglücklicher Versuche; was zählt, ist weniger der Gewinn als die Fatalität - d.h. wenn das Schicksal an seinem eigenen Spiel Gefallen findet, kann nichts mehr die Kettenbildung einer an die Vernunft ausgelieferten Welt aufhalten. Glück wie Unglück sind bekanntlich nur dann Glück bzw. Unglück, wenn sie gleichsam dem Schneeballprinzip folgen und als Zentrum der Verführung wirken - es hat nichts mit einer sich selbst genügsamen objektiven Wahrscheinlichkeit zu tun, die es letztlich nicht einmal Wert ist, berechnet zu werden. Das Glück muß praktisch erzwungen werden: d.h. wenn Gott entsprechend gebeten und verführt wird, muß er darauf eingehen und einem alles geben. Er kann nicht anders als den Dingen ihren Lauf zu lassen, so wie es ihrem Schicksal entspricht; d.h. sie werden alle zuverlässig in allen möglichen Formen (einschließlich Zahlenformen) miteinander verkettet. Das ist genau die grundlegende Spielregel, an die selbst Gott gebunden ist.

---

für diese dickköpfige Leugnung des statistischen Zufalls und für dieses geheime Allerwelts-Glaubensbekenntnis gibt uns folgende Pressenotiz: "Vielleicht beruhigt Sie die Tatsache, daß laut Berechnungen der RATP (=Pariser Verkehrsbetriebe) von 50 Personen, die 60 Jahre lang zweimal täglich die Metro benutzen, nur eine einzige angegriffen zu werden riskiert. Also kein Grund, daß es ausgerechnet Sie trifft!" Das Tolle an der Statistik ist keinesfalls ihre Objektivität, sondern vielmehr ihr unfreiwilliger Humor.

Diese Grundregel von der geheimen Vereinigung der Welt, der beispiellosen,schicksalhaften Vereinigung aller Formen, ermöglicht,daß die willkürlichen Modalitäten des Spiels (d.h. die konkreten Spielregeln) nicht zu Vertragszwecken, wie bei einem gesetzmäßig festgelegten Tausch, sondern zu zeremoniellen Zwecken, wie bei einem ganz förmlichen Ritual, akzeptiert werden. Dieses Ritual spiegelt,nicht ohne einen Schuß Ironie, die absolute Notwendigkeit wieder, auf der die Spielhoffnungen beruhen.

Wir alle sind Spieler, d.h. wir hoffen ganz stark, daß sich von Zeit zu Zeit die schrittweisen rationalen Verkettungen (auf)lösen und, auch wenn nur für kurze Zeit, durch eine andere, beispiellose Entwicklung, eine großartige Potenzierung von Ereignissen und eine außergewöhnliche, gleichsam prädestinierte (Ab)Folge kleinster Details abgelöst werden. Man hat dabei den Eindruck,daß die bis dahin durch das Prinzip von Ursache und Wirkung künstlich auf Distanz gehaltenen Dinge, plötzlich nicht mehr dem Zufall ausgeliefert sind, sondern sich aus sich heraus konvergent und vereint in einer ihrer Verkettung angemessenen Intensität wiederfinden.

Das gefällt uns, denn es sind unsere wirklichen Ereignisse. Die Gewißheit, daß nichts neutral oder indifferent ist, daß alle Dinge konvergieren, sofern man es nur schafft,ihr "objektives" Kausalitätsprinzip aufzuheben, macht gerade die Verführung aus. Wenn man die Kreisläufe der Kausalität überlisten will, muß man code-artige arbiträre Zeichen wie bei den Spielregeln einführen; es müssen Trugbilder aufgestellt werden, die das kausale System und den objektiven Lauf der Dinge umgehen und *ihre fatale Verkettung wieder in die Wege leiten*. So sehen gewöhnlich die wirklichen Herausforderungen aus, die wir genauso annehmen und anwenden wie die Spieler im Spiel; und selbst die Schrift verhält sich so - Poesie bzw. Theorie stellen nichts anderes dar als die Projektion eines arbiträren Codes bzw. Systems (die Erfindung von Spielregeln), wo sich die Dinge in einem fatalen Prozeß verfangen.

Man kann die kleinen Katastrophen, diesen Sinnverlust und die Wirkungen der Turbulenz von Ereignissen so wie David Ruelle* (das Problem der Voraussagbarkeit) interpretieren, im Sinne einer rationalen Logik des Unvorhersehbaren, gemäß dem, was er die "sensitive Abhängigkeit von den Ausgangsbedingungen" nennt, wobei ein solches System zunächst an einer geringfügigen Störung litt, die sich in einer relativ kurzen Zeit aufgrund einer in ihrer Konsequenz unvorhersehbaren exponentiellen Progression (besonders in der Nähe von seltsamen Anziehungskräften) vergrößerte: "ein Niessen kann zum Zyklon** werden, der dann einige Monate später in einem anderen Teil der Welt losbricht." Durch die unvorhersehbar starken Wirkungen ergibt sich eine faszinie-

* *David Ruelle, "Hasard et déterminisme", in: TRAVERSES, Nr. 23, Nov. 1981*

***Zyklon: heftiger Wirbelsturm in tropischen Gebieten (A.d.Ü.)*

rende Verkettung, die aber dennoch objektiv und deterministisch bleibt. Ich glaube, daß es bei dieser plötzlichen Eskalierung um etwas anderes geht, nämlich um eine logische Mutation und nicht einfach um eine Exponentiallogik. Es erinnert etwas an die Freud'sche Traumtheorie: im Traum fangen die ihres Sinns beraubten Wörter an wie Dinge zu funktionieren und einen materiellen Rohzustand anzunehmen, um sich in ihrer materiellen, sinnlosen (aber keineswegs zufalls*bedingten*) Immanenz, jenseits jeglicher Syntax und jeglichen Kohärenzprinzips zu verketten. - Die Wörter *halten sich* für Dinge und finden plötzlich Gefallen daran; genausogut können auch die Ereignisse selbst Gefallen daran finden, und zwar jenseits aller Psychologie oder objektiven Kausalität; sie können ihren Einsatz verdoppeln ohne Rücksicht auf den Sinn der Geschichte - es kann den Situationen gar passieren, daß ihnen ihr Sinn verlorengeht und sie sich selbst in einer übersinnlichen Verkettung zum Ereignis machen wollen. Diese Verbindungen sehen ganz wie eine Katastrophe aus, d.h. wie ein Zusammenstoß und eine unerwartete Turbulenz von Ereignissen; sie bleiben jedoch, wie die "freien" Verbindungen der Wörter im Traum, absolut notwendig. So entwickeln sich sogar in den Ereignissen kleine beschleunigte Gravitationen, kleine "Zyklone", in der Nähe des Subjekts, aber doch außerhalb von ihm - reine Ereignisse, wo das eigentliche Subjekt kein Wort mehr ist und genauso wie ein Ding funktioniert.
In einem Traum machte ich gerade eine tiefe und doch rätselhafte Trauer durch. Irgendjemand sagte mir, daß diese Trauer im Grunde

genommen leicht vergangen ist, worauf ich ihm zustimme: "es ist halt immer so". Und alle Leute um mich herum brechen in ungeheures Gelächter aus. Ich habe sozusagen eine Art Lachanfall ausgelöst und durch die Koinzidenz der Diskrepanz zwischen meiner Aussage und ihrer unangemessenen Wirkung fühle ich mich mysteriöserweise weggefegt. Was habe ich da wohl unwissentlich ausgelöst? Oder anders formuliert: in was für eine großartige Verkettung bin ich da unwillentlich hineingeraten? Diese Verkettung kann sich nur *genau an das halten, was ich gesagt habe*, und nicht an das, was ich bin, nicht einmal an die Traumsituation - sie muß sich ganz genau an die Bedeutungslosigkeit meiner Worte und an ihre Banalität halten.
Was gibt es sonst noch zu sagen? Nichts kommt dem äußerst angenehmen, schwindelerregenden und unbegreifbaren Gefühl, das entscheidende Moment irgendeiner Situation zu sein, ohne dafür etwas zu tun, näher als die Empfindung, einem auf den ersten Blick zu gefallen. Eine winzige Ursache mit außergewöhnlicher Wirkung: es ist der einzige Beweis, den wir für die Existenz Gottes haben. Die unberechenbaren Verkettungen bilden nicht nur die Grundlage unserer Träume, sondern auch unseres Alltagslebens. Nichts mögen wir mehr als dieses verrückte Mißverhältnis zwischen Ursache und Wirkung - es eröffnet uns phantastische Perspektiven über unseren eigenen Ursprung und unsere mögliche Stärke. Die Verführung soll angeblich eine Strategie sein, doch nichts ist falscher. Sie beruht gerade auf unvorhersehbaren Verkettungen, die jede Strategie höchstens zu reproduzieren versucht.

Die Ursache *produziert* die Wirkung, d.h. sie hat also immer einen Sinn und einen Zweck; die Ursachen führen niemals zur Katastrophe, sie kennen nur die Krise. Die Katastrophe bedeutet nämlich die Beseitigung der Ursachen, sie unterwirft die Ursache der Wirkung. Sie stürzt die Kausalkette ins Verderben und bringt die Dinge zum reinen Erscheinen bzw. zum Verschwinden (so z.B. das Erscheinen des rein Sozialen und sein Verschwinden in der Panik). Trotzdem unterliegen sie nicht dem Zufall oder der Unbestimmtheit, sondern in gewisser Hinsicht der spontanen Verkettung von Erscheinungen, der spontanen Eskalierung von Willen (wie bei der Herausforderung) bzw. der spontanen Vertauschung von Formen (wie bei der Metamorphose).

Die Ursachen führen niemals zur Katastrophe, sondern nur die Erscheinungen, indem sie sich nämlich von selbst verketten. Im Gegensatz zur Krise, die nur das Chaos der Ursachen darstellt, ist die Katastrophe das Delirium der Formen und Erscheinungen. So ähnlich wie sich das Delirium bzw. die Zeremonie als reine, referenzlose Verkettungen von Sprachen, Gesten, Riten und Prunk präsentieren, stellt sich auch die Katastrophe als reine, referenzlose Verkettung von Dingen und Ereignissen dar - all das ist also kein Zufall, sondern eine formale, unentbehrliche Verkettung (eine Verkettung, die man in der absurden Potenzierung all der negativen und grotesken Ereignisse wiederfindet, in die man manchmal hineingerät: statt in Traurigkeit oder in Lächerlichkeit zu versinken, so wie es eigentlich sein müßte, wenn allein der Zufall sie nebeneinanderstellen würde, entkräften und beseitigen sich die Ereignisse gegenseitig in einer Art spontanen Naturkatastrophe; und allein aus dieser Katastrophe ergibt sich die Lust, die Verführung ihrer formalen Abfolge und die Schönheit ihrer Verflechtung). Das einzige Vergnügen auf dieser Welt besteht wohl darin, zu sehen, wie sich die Dinge auf die Katastrophe "hinbewegen", wie sie aus der Bestimmtheit und Unbestimmtheit, aus der Notwendigkeit und dem Zufall herauskommen, um schließlich endgültig unter den Einfluß von schwindelerregenden Verkettungen zu kommen; Verkettungen im Schlimmen wie im Guten, von alledem, was sein Ziel ohne Aufwand und seine Wirkung ohne Ursache erreicht, so wie beim Gedankenblitz oder der Verführung - all das, was nicht über die Umwege des Sinns abläuft, sondern über die ultra-schnellen Wege des Scheinhaften.

Es gibt also gar keinen Zufall. Der Zufall würde die absolut unwahrscheinliche Möglichkeit kennzeichnen, wo die Dinge, ihrer Bestimmungen und Ursachen beraubt, in der Tat wirklich frei sich selbst überlassen wären, und sich in einer zufälligen Hypersphäre bewegten mit einigen vagen Aussichten auf Begegnungen der dritten Art. So ungefähr sieht nämlich das uns am Ende all unserer Befreiungen bestimmte Schicksal aus, das uns die molekulare Hölle beschert. Aber dies ist in einer anderen Hinsicht, die eben viel radikaler ist als das Reale, völlig unmöglich: der Zufall, d.h. das Konzept des Zufalls geht davon aus, daß es außer der Kausalkette keine andere mögliche Verkettung gibt. Er steht also ganz einfach auf der Seite der Notwendigkeit: wenn die Dinge keine Ursachen mehr haben (bzw. wenn sie keine mehr "produzieren" können), dann gehören sie zu keiner Ordnung mehr und können nur noch in die Zwangsgleichung der Wahrscheinlichkeiten zurückgebracht werden. Sie irren wie die toten Seelen im Fegefeuer des Zufalls umher, denn dieser ist eben das Fegefeuer der Kausalitäten, der Ort, wo die Seelen darauf warten, wieder einen Körper zu bekommen; der Ort, wo die Wirkungen darauf warten, daß sie Ursachen bekommen. Genau vor der molekularen Hölle, wo sie - soviel steht fest - für immer und ewig vernichtet werden.

Die Dinge sind jedoch anders verkettet als ihre Ursachen, so z.B. die Fatalität (die meistens aufgrund ihrer verhängnisvollen Wirkungen mit dem Zufall verwechselt wird). Ich erinnere mich noch an eine Geschichte, bei der wir wie durch ein Wunder knapp dem Straßengraben entkommen sind; die Spanier am Ende der Strasse hielten an, um uns andächtig mit einem "suerte, suerte..." zu berühren. Bei der Fatalität oder dem Schicksal sieht die Verkettung, ganz anders als bei den Ursachen, folgendermaßen aus: das Zeichen des Erscheinens der Dinge ist auch das Zeichen ihres Verschwindens, genauso wie dasjenige ihrer Geburt gleichzeitig auch zum Zeichen ihres Todes wird. Du kannst ja in der Zwischenzeit versuchen, die Ordnung der Gründe umzustürzen, den Lauf der Dinge zu verändern, ganz was anderes zu tun oder eine Psychoanalyse zu machen; aber nichts drin:

immer wieder das selbe Zeichen, die selbe Konstellation, der selbe Charakterzug, das selbe kleine Ereignis, das schon bei der Geburt vorhanden war und auch im Augenblick des Todes wieder da ist. Das Emblem des Aufstiegs ist gleichzeitig das des Niedergangs, genauso wie das Wahrzeichen des Erscheinens gleichzeitig das Zeichen des Verschwindens ist. Das ist Schicksal und Du kannst soviel daran herumdeuten, wie Du willst, es ist doch vergebens. Kein Code, keine Geheimschrift, nur die Wirksamkeit eines einzigen Zeichens. Es muß nicht unbedingt für ein ganzes Leben so sein, und auch nicht für eine ganze Dynastie wie in der antiken Tragödie; es kann auch nur der kurze Abschnitt einer weder rationalen noch zufälligen, sondern fatalen Verkettung sein: nichts ist weniger zufällig, als wenn ein und das selbe Zeichen den Anfang und das Ende bestimmt. Im Vergleich dazu ist alles übrige zufällig - aber darin besteht gerade das *fatum*. Das Fatale steht im absoluten Gegensatz zum Zufälligen (und natürlich auch zum Rationalen). Nun ziehen wir aber schon seit langem (dann, wenn die rationale Version fehlt) die zufällige Weltauffassung der fatalen vor. Unsere Sichtweise des offensichtlichen Chaos der Welt ist in erster Linie auf Zufall und Unglück gegründet. Das Unglück kommt nun aber wider Erwarten wahrscheinlich nur äußerst selten vor (der Zufall ist unwahrscheinlich), die Fatalität aber sehr häufig. Meistens verliert man alles wieder mit der Nummer, mit der man alles gewonnen hat; und das gilt nicht nur für den Spieltisch. Man kann jetzt sagen: nun gut, es ist doch nicht verwunderlich, daß die Leute immer auf die selbe Nummer setzen - aber genau das ist *eben kein Zufall.*

Die Dinge können im Gegensatz zu unserer gesamten Ethik eine prädestinierte Verkettung haben. Statt sich im Sinne von Genese und Evolution zu entwickeln, stehen sie schon im voraus mit ihrem Verschwinden in Verbindung.Die Prophezeiung und nicht die Voraussehbarkeit unterscheidet sie also voneinander. Wenn Du das Zeichen des Erscheinens oder irgendeines anderen Zeichens des Kreislaufs, die Hypothese über die Fatalität, kennst, die besagt,daß der Lauf der Dinge bzw. die unerwarteten Spielabläufe dieses Lebens immer wieder auf den selben (Ausgangs)Punkt hinauslaufen,nämlich auf den fatalen Schnittpunkt desselben Zeichens, so kann man mit Hilfe dieser Annahme das Ereignis voraussagen, eben weil es sich um das Ereignis eines sicheren Zeichens handelt. Man kann also den Gang der Ereignisse wie bei einer Zeremonie vorausahnen, sozusagen einer Zeremonie der Welt, deren Ausgang unveränderlicher Natur ist. Nicht alles ist Schicksal oder Zeremonie, aber sicherlich gibt es in jeder Existenz und dem Chaos ihrer Ursachen und Wirkungen gewisse kleine,äußerst interessante,unveränderliche Abschnitte von höchstem Reiz.

Zwei Ereignisse, die zehn Jahre auseinanderliegen und zwischen denen es keinen Bezug gibt. Zwei Todesfälle, durchaus gleichrangig mit einem symbolischen Mord. Etwas sozusagen geistig unsühnbares. Beim ersten Mal bin ich auf diese Weise gestorben, beim zweiten Mal wurde ich grundlos im Stich gelassen. Es kommt bestimmt keine Nullsumme dabei heraus, und nichts konnte wieder gutgemacht werden (was könnte man dabei auch wiedergutmachen?). Aber die Geschichte will, daß sich unbemerkt eine Reversibilität zwischen zwei bezugslosen Ereignissen herstellt; Ereignisse, die ich übrigens nie in irgendeinen Bezug gebracht hätte (ich hätte es tun sollen: es waren nämlich die beiden einzigen Personen, von denen ich seit Jahren regelmäßig träume), bis zu dem Tag, an dem die beiden Geschichten mir unter einem einzigen Zeichen erschienen und sich plötzlich in der Schönheit dieser Verbindung auflösten. Dieses Zeichen war ein Vorname, d.h. die beiden Personen hatten denselben Vornamen. Niemand kann sagen, auf welch kleinste Spur hin sich die Dinge lösen, aber sicherlich nicht über den Zufall. In meinem Fall ergab sich die Erleuchtung durch den Zusammenfall der Vornamen und daher erfuhren diese beiden ungesühnt, da geschichtslos gebliebenen Ereignisse eine andere, viel außergewöhnlichere Form der (Auf)Lösung. (Man hatte sich dabei wirklich nichts zu erzählen, weder Fabeln, Alibis, noch schlechte oder gute Gründe, absolut nichts - das Verschwinden war klar und endgültig; wir lösen nun aber die Dinge im allgemeinen durch Geschichten und durch Psychologie auf.) Unsere Form der Lösung war viel außergewöhnlicher, denn die beiden Phänomene haben sich in einer Verbindung von Gedankenblitz und Prädestinierung gefunden; gespensterhafte Phänomene, die von dem befreit wurden, was gesondert inintelligibel war. Durch ihre Verdoppelung, ihre doppelte Vorstellung und ihre Verbindung werden sie plötzlich wieder verständlich, *ohne daß das Geheimnis des einen oder anderen* Phänomens *jemals gelüftet* wurde. Was war wohl psychologisch in beiden Fällen geschehen? Es war jedenfalls unwichtig, denn was keinen Sinn hatte, war in einer anderen Verkettung (auf)gelöst worden.

Ich hatte mir eine Psychoanalyse (über die Nutzlosigkeit des Unbewußten) erspart.

Diese starken Ereignisse treffen Dich,ohne daß du sie gewollt hast, aber das ist kein Zufall, denn sie passieren dir ja, d.h. diese Koinzidenz betrifft dich und ist nur für dich bestimmt. Auch wenn Du es nicht gewollt hast, verführt es Dich, *eben weil* Du es nicht gewollt hast. Genau darin liegt der Unterschied zwischen Schicksal und Zufall. Der reine Zufall, vorausgesetzt, daß es ihn überhaupt gibt, ist uns nämlich völlig egal - die reine Koinzidenz kann uns überhaupt nicht verführen; sie ist schlichtweg objektiv, das ist aber auch alles. Wir übernehmen übrigens diese Strategie des Zufalls, um ein Ereignis zu neutralisieren bzw. die Wirkung abzuschwächen: "Der Zufall (und nicht ich) hat es gewollt." Der unglückliche Tod eines Freundes, eines Verwandten kann nur irgendein Schuldphantasma hervorrufen oder gar die unerträgliche Vorstellung, daß der andere Dich aus reiner Todeslust im Stich gelassen hat. Dieser geistigen Grausamkeit eines von der Allmacht des Denkens beherrschten Universums ist alles andere vorzuziehen. Der Zufall ist äußerst hilfreich: man braucht sich nur vorzustellen (was allerdings schwer ist), daß die Dinge grundlos sind, unendlich viele objektive Gründe haben (technische, materielle, statistische), die uns die Verantwortung abnehmen - in der Tat sprechen sie uns frei von dem, was für uns selbst an dem Ereignis echt *verführerisch* hätte sein können, d.h.: wir möchten gern der Grund jeden Todes (genauso wie jeden Lebens oder glücklichen Ereignisses) sein. Dies ist bestimmt nicht schockierend, denn es soll nicht etwa heißen, daß wir jemanden den Tod wünschen, aber das wäre immer noch besser als ein unglücklicher, unerwarteter Tod. Jemanden den Tod zu wünschen ist nämlich vom moralischen Standpunkt aus gesehen untragbar, aber dieser Tod kann andererseits auch nicht auf Zufall beruhen, denn das ist schließlich in symbolischer Hinsicht, die übrigens immer wesentlich fundamentaler ist, unerträglich. So können wir uns zwar vom moralischen Standpunkt aus gesehen durch alle möglichen Arten von Alibis (einschließlich dem Zufall) vor der fatalen Verkettung von Ereignissen schützen; vom symbolischen Standpunkt aus gesehen, widerstrebt uns jedoch eine neutrale, durch den Zufall gelenkte Welt, die harmlos und sinnlos wäre, genauso sehr wie eine Welt , in der alles von den objektiven Ursachen beherrscht würde. Auch wenn die beiden Positionen leichter zu leben sind, so widerstehen sie doch nicht der faszinierenden Vorstellung eines Universums, das ganz von der göttlichen bzw. diabolischen Verkettung gewollter Koinzidenzen gelenkt wird; d.h. ein Universum, in dem wir die Ereignisse verführen, irreführen und durch die Allmacht des Denkens zur Entfaltung bringen - ein grausames Universum, in dem niemand (und erst recht nicht wir) unschuldig ist und in dem sich unsere Subjektivität aufgelöst hat (was wir jedoch freudig annehmen), weil sie im Automatismus der Ereignisse und ihrem objektiven Ablauf resorbiert wird. Sie ist sozusagen eine Welt für sich geworden. Wenn wir schon die bescheidene Weisheit anstreben, die letztlich nur die(se) Welt darstellt, dann dürfen wir nicht vergessen, daß wir sie letztlich auf die eine oder andere Weise gewollt, geliebt und erfunden haben müssen. Dann dürfte auch weder der Tod eines Freundes, noch sonst ein anderes Unglück oder irgendeine Katastrophe Deinem Denken und Willen entgangen sein.

Wir *hätten gern*, daß es Zufall, Sinnlosigkeit, d.h. also Unschuld gäbe, daß die Götter weiterhin mit dem Universum ihr Glücksspiel betreiben; aber schließlich *bevorzugen wir* doch, daß es überall Souveränität, Grausamkeit und fatale Verkettungen gibt, und daß die Ereignisse auf der radikalen Konsequenz des Denkens beruhen. Wir mögen das eine und bevorzugen das andere. Ebenso gern hätten wir, daß sich alle Wirkungen an ihren Ursachen orientieren, und doch ist es uns schließlich lieber, wenn es dabei überall Zufall und freie Koinzidenz gibt. Ich glaube aber einfach, daß wir vor allem die fatale Verkettung wollen. Der Determinismus wird niemals den Zufall abschaffen können, aber ebensowenig wird der Zufall jemals das Schicksal beseitigen.

Das Ereignis geht unserem Denken und unseren Absichten so sehr voraus,daß wir es niemals einholen und seine wahre Erscheinung erkennen können.

Das Schicksal definiert sich dadaurch, daß bei ihm die Wirkung den Ursachen vorausgeht.So sind also alle Dinge bereits vor ihrem Erscheinen da, d.h. die Ursachen kommen erst danach. Manchmal verschwinden die Dinge sogar bereits vor ihrer Ankunft, und vor ihrer Entstehung. Was wissen wir jetzt also? Das Geheimnis der Dinge gründet auf der Tatsache, daß sie dem Ablauf ihrer Ursachen zeitlich vorausgehen. Das macht auch das Geheimnis ihrer Verführung aus - und gleichzeitig wird dadurch für immer (und ewig) die Verwirklichung des Realen verhindert, denn das Reale ist eben gerade die zeitliche Koinzidenz von einem Ereignis und einem kausalen Ablauf.

Nur dann, wenn die Dinge schneller sind als ihre Ursachen, haben sie Zeit,*zu erscheinen*, d.h. als Erscheinungen aufzutreten,bevor sie selbst real werden. Darauf beruht letztlich ihre verführerische Anziehungskraft.
Wahrscheinlich ist auch die Schnelligkeit vermöge und jenseits jeglicher Technologie nichts anderes als die Verlockung von Dingen und Menschen,schneller zu sein als ihre Ursache,und ihren Ursprung wieder einzuholen,um ihn zu beseitigen. In diesem Sinne stellt das Ganze eine Art schwindelerregende Form des Verschwindens dar (Paul Virilio). Beim Schrei-

ben haben wir es mit einer anderen Form zu tun: sein Geheimnis besteht nämlich darin, schneller zu sein als die begriffliche Verkettung.
Im Vergleich zu dieser katastrophischen Koinzidenz ist der Sinn immer zu spät - die Katastrophe ist dem üblichen Schicksal stets voraus; sie ist immer ein Zusammenstoß, eine plötzliche zeitliche Unmittelbarkeit wie bei einem Erdbeben. Das ist der Messias von Kafka: er wird erst dann kommen, wenn er nicht mehr nötig ist, d.h. nicht am Tag des Jüngsten Gerichts, sondern einem Tag danach.

Die Dinge sind durch den Sinn zum ewigen Zuspätkommen verdammt. Immer auf Gründe bzw. Sinn zurückgreifen, um ihr Erscheinen bzw. das Scheinhafte zu bannen und um ihre zu schnelle Verkettung zu verzögern.
Diese Reversibilität der Kausalordnung, diese Umkehrung von Wirkung und Ursache, dieses Vorausgehen und der Triumph der Wirkung über die Ursache ist fundamental und man kann sie auch als ursprünglich und fatal bezeichnen. Die Reversibilität des Schicksals stellt wohl irgendwie eine tödliche Gefahr dar, eben gerade, weil sie dem Zufall keinen Raum läßt (im Gegensatz dazu leitet sich der Zufall von einer Kausalitätsordnung ab). Daher hat unser im wesentlichen westliches System bei ihr eine andere Präzession gesetzt, wobei nämlich die Ursache der Wirkung vorausgeht, und seit kurzem gibt es auch eine Präzession der Modelle und Simulakren gegenüber den Dingen, die ebenfalls ihr Erscheinen auf eine andere Art bannen. Präzession contra Präzession

- man muß die Herausforderung sehen, die beide Ordnungen trennt. Es gibt dabei keinen Platz für den Zufall, d.h. für eine neutrale unbestimmte Substanz. Das Universum ist manichäisch, wobei sich zwei Ordnungen gegenüberstehen. Zwar ist nichts determiniert, jedoch alles antagonistisch.

Daher müssen wir auch weit über eine einfache Krise der Kausalität hinausgehen. Die Dinge können nur dann krisenhaft verlaufen, wenn sie sich in einer "normalen" (Ab)Folge befinden; die Krise ist also eigentlich die Vorbereitung der Kausalität: sie setzt die Ursachen frei und es kommt so wieder zu einer rationalen Verkettung von Ursache und Wirkung. Bei dieser plötzlichen Präzession und Reversibilität des Ereignisses, das seine eigenen Ursachen vernichtet, haben die Dinge noch nicht einmal mehr die Zeit, in ihrem Prinzip bestritten und ihrem Ablauf korrigiert zu werden. Der reine Zufall, der brutale Zusammenstoß des Realen mit seiner Vorstellung gibt - so würde Clément Rosset sagen - einer kritischen Zeitlichkeit des Sinns keine Chance. Es ist die Ordnung des Erscheinens und des reinen Scheins und in diesem Sinnverlust spielt sich alles ab.
Genau das hat die Wissenschaft im Kopf; unzufrieden mit der Infragestellung des deterministischen Kausalitätsprinzips (das ist bereits eine erste Revolution), drängt sich sogar über die Unbestimmtheitsrelation hinaus, die immer noch eine Rolle als Hyperrationalität spielt, - der Zufall ist eine Art Flottieren der Gesetze, was

schon außerordentlich ist. Künftig wird die Wissenschaft jedoch nicht nur dadurch und durch eine Ungenauigkeit, sondern durch eine mögliche *Reversibilität* der physikalischen Gesetze an die (äußerste) physikalische und biologische Grenze ihrer Anwendung gedrängt. Das *absolute Rätsel* bestände also nicht in irgendeiner Ultraformel oder Metagleichung des Universums (so wie bei der Relativitätstheorie), sondern in der Vorstellung, daß jedes Gesetz sich umkehren läßt (das betrifft alle Gesetze und nicht nur die Reversibilität von Partikeln in Antipartikel, von Materie in Antimaterie). Diese Reversibilität, über die schon immer bereits in den großen Metaphysiken Hypothesen aufgestellt wurden, ist die Grundregel des Spiels und der Metamorphose der Erscheinungen, gegen die irreversible Ordnung der Zeit, des Gesetzes und des Sinns. Es ist schon faszinierend, zu sehen, wie die Wissenschaft im völligen Widerspruch zu ihrer eigenen Logik und Metaphysik zu denselben Hypothesen gelangt.

Nicht Kausalität oder Determinismus, auch nicht unsichere Kausalität, Wahrscheinlichkeit, Ungewißheit und Relativität hätten also das letzte Wort, sondern die Umkehrung, die Reversibilität.
Die Dinge würden sich also weder nach einem Gesetz noch frei und unbestimmt nach dem Zufall, sondern reversibel im Sinne einer Regel verketten. Es stellt sich daher folgendes Problem: wie kommt es, daß sich auf einem reversiblen System eine irreversible Ordnung gründen konnte – eine Ordnung der Zeit, der Kausalität, der Geschichte und gar des Zufalls? Aber

vielleicht gibt das alles unserer Welt nur eine *Wirkung* von Irreversibilität. Vielleicht ist das alles bereits im Wandel begriffen, wenn sogar schon die physikalischen Gesetze, unsere sichersten Garanten der kausalen Irreversibilitätswirkung des Universums, ganz leicht dem Reversiblen verfallen.

Was es auch immer im einzelnen sein mag, man darf nur von dieser Reversibilität und nicht von der Kausalität außergewöhnliche Wirkungen erwarten. Nur diese Reversibilität, und eben nicht der Zufall oder eine lächerliche statistische Objektivität, ermöglichen irgendeine Überraschung - es ist die Kunst, gleichzeitig dem Zufall und der Notwendigkeit zu entgehen. Die Kunst einer gewissen fatalen und rätselhaften Wende, die die Ordnung des Erscheinens und des Verschwindens der Dinge bestimmt.

Der Zauberkünstler und die Rose des Paracelsus

Der große Traum des Zauberkünstlers besteht darin, die mit ihm zusammen auftretende Frau zum Verschwinden zu bringen. Nichts ist einfacher für ihn als Tricks mit Kaninchen, Schal und Hut, aber er hat es nie geschafft, diese Frau zum Verschwinden zu bringen, und davon träumt er jetzt. Eines Abends nun, im Verlauf der Vorstellung, erfüllt dröhnender Beifall den Saal: die Frau ist verschwunden. Er hat es also geschafft, aber wie? Das ganze Problem besteht darin, herauszubekommen, welchen geheimen, unvorhersehbaren Tricks er seinen Erfolg verdankt (vielleicht reicht es sogar aus, sich ihr Verschwinden einfach nur vorzustellen, was nicht einfach ist, - aber vielleicht ist es gar keine Fähigkeit, sondern ein Zufall, mit dem er nichts zu tun hat und den trotzdem allein er in der Hand hat?

Eine andere Geschichte: diesmal über Paracelsus. Ein Student kommt ihn besuchen und will, daß Paracelsus sein Meister wird und ihm seine Fähigkeiten beibringt. Er will jedoch eine sofortige Kostprobe seiner Künste haben. Paracelsus hüllt sich aber in Schweigen, woraufhin der Student die mitgebrachte Rose ins Feuer wirft und wettet, daß der Meister sie nicht wieder zu Tage bringen kann. Paracelsus geht nicht darauf ein und sagt nur, daß er es nicht kann, woraufhin der enttäuschte und verärgerte Student weggeht. Paracelsus beugt sich daraufhin über den Kamin, spricht ein Wort und die Rose blüht wieder auf.

Diese Erzählung von Borges* hat, einmal abgesehen von der ziemlich gewöhnlichen Geschichte vom Meister und seinem Schüler, etwas Unergründliches an sich, denn am Ende weiß man praktisch nicht mehr, ob Paracelsus nun wirklich die Rose wieder mit einem Wort zum Aufblühen brachte oder ob er es im Grunde genommen ganz einfach nur versucht, und siehe da, wie durch ein Wunder bzw. einen Zufall "klappt" es plötzlich, was sogar Paracelsus völlig überrascht. Eigentlich war es keine Lüge, als er dem Schüler sagte, daß er es nicht könne; es hat sich ganz einfach unerwartet so

---

* *vgl. Jorge L. Borges, "Sämtliche Erzählungen", Mü 1970 (A.d.Ü.)*

ergeben. Vielleicht haben wir es auch hier überhaupt nicht mit einer Fähigkeit zu tun, sondern vielmehr mit einem Zufall, dessen Koinzidenz für immer ungeklärt bliebe?

Wie erklärt sich also das Verschwinden der Frau einerseits und das Wiederaufblühen der Rose andererseits, wenn man schon dabei den Zufall (als zu unwahrscheinlich) bzw. eine Fähigkeit (als zu simpel) ausschaltet? Warum sollten diese Phantasiegeschichten glaubwürdig sein? Nun fordern aber gerade solche und niemals reale Geschichten eine geheime Lösung; es läßt sich mit dem Gedankenblitz vergleichen – wir müssen uns also vorstellen, daß sich alles im Rahmen eines umkehrbaren Laufs der Dinge abspielt, den man einfach nur begreifen muß (– diese Annahme hat, wie wir leicht bemerken können, etwas ganz Unwirkliches an sich und es gibt auch keine Beweise und es wird auch nie welche geben). Es spricht eigentlich nichts dagegen, daß die Frau verschwindet, das Geheimnis des Zauberkünstlers besteht darin, daß alle realen Dinge bereits da sind, um sofort zu verschwinden und sozusagen nur darauf zu warten. Wir brauchen die Dinge nur bewußt in ihrer realen Existenz auszuschalten, denn nur durch unseren Willen bleiben sie über ihr Erscheinen hinaus erhalten. Vielleicht muß man aber auch nur die Regel begreifen, gemäß der ein Ding, sobald es auftaucht, sofort wieder verschwindet. Die Dinge müssen also einfach nur verführt werden; man braucht nur den Sinn zu vergessen. Beide Geschichten gehören übrigens zusammen, denn um die Frau zum Verschwinden zu bringen, muß man sie verführen (d.h. von ihrer realen, allzu realen Existenz ablenken (détourner); genauso bei der Rose: man muß sie nur verführen (d.h. aus der Asche herausführen (détourner)*). Die Dinge verführen, bedeutet nämlich, daß sie wieder in ihrem Kreislauf von Erscheinen und Verschwinden, den Kreislauf ständiger Metamorphosen eingegliedert werden und daß man selbst eine neue Stellung im Kreislauf findet, wo es weder Zufall noch Fähigkeit gibt; vielmehr kommt es hier ,aufgrund einer unvermeidlichen Regel (eben das ist das Schicksal selbst), zu einer Verkettung von Erscheinen und Verschwinden. Die Frau kann niemals gemäß einer linearen und willkürlichen Abfolge verschwinden; das gilt auch für das Wiederauftauchen der Rose. Sie können es nur durch eine reversible Ordnung, eine Ordnung des Kreislaufs; die ganze Kunst besteht darin,seinen Platz in diesem Kreislauf zu finden.

* *détourner: im weitesten Sinne 'verführen,entführen', z.B. détournement des mineurs = Entführung bzw. Verführung von Minderjährigen. (A.d.Ü.)*

DIE EKSTASE DES SOZIALISMUS

Eine peinigende Vorstellung: daß von einem bestimmten Zeitpunkt ab die Geschichte nicht mehr **wirklich** *war. Ohne es zu merken, hätte die Menschheit insgesamt die Wirklichkeit plötzlich verlassen; alles was seither geschehen sei, wäre gar nicht wahr; wir könnten es aber nicht merken. Unsere Aufgabe sei es nun, diesen Punkt zu finden, und so lange wir ihn nicht hätten, müßten wir in der jetzigen Zerstörung verharren.* *(Canetti)**

Ausgangshypothese: wir erleben in Frankreich gegenwärtig eine ekstatische Form des Sozialismus.
Man braucht sich nur den schauerlich-ekstatischen Gesichtsausdruck Mitterrands anzusehen.

Die Ekstase markiert den Übergang zum Reinzustand, zu einer Form ohne Inhalt und ohne Leidenschaft. Die Ekstase ist das Gegenteil von Leidenschaft.
Ebenso kann man von einer Ekstase des Staates sprechen. Leidenschaftslos und substanzlos, aber doch allmächtig in seiner Transparenz, erreicht der Staat seine ekstatische Form, die Form des Transpolitischen. Zwar glaubt niemand mehr an ihn, aber gleichzeitig verbleibt man doch in einer Art opfervollen Hingabe- und Anspruchshaltung gegenüber diesem einzigartigen, eigentlich schon verschwundenen bzw. in politischer Hinsicht auf dem Weg des Verschwindens sich befindenden Gebilde.

** vgl. Elias Canetti: Aufzeichnungen 1942-1972, Fft/M 1978, S. 69 (A.d.Ü.)*

Dasselbe gilt für den Sozialismus, und im Grunde bedeutet dieser gnadenvolle Moment den ungeheuren Aufstieg eines Modells, das seine Wahrheit längst unterwegs verloren hat.
Die Linke hat die Rechte weder durch einen Umsturz noch im Sinne eines Wechsels abgelöst.
Die Art, wie die Linke aufkam, befremdet genauso wie das Abtreten der Rechten. Letztere wurde ganz einfach weggefegt wie etwas, das es schon lange nicht mehr gab. Das konnte man sich schon denken. Aber auch die Linke existiert schon seit langem nicht mehr, was sie aber nicht daran gehindert hat, wie durch ein Wunder mit einem Schlag wieder ins Rampenlicht zu rücken, d.h. wiederaufzuleben als die Berufung schlechthin der französischen Gesellschaft, als ewiges Erbe kultureller Traditionen (das man übrigens sofort bei allen möglichen Gedenkfeiern, Pantheon*, Mont Valérien** etc... gewürdigt hat). Der Aufstieg des Sozialismus präsentiert sich also als die Krönung des Kulturjahres.

Wir haben es eigentlich weder mit einer Revolution noch mit einem historisch unerwarteten Ereignis zu tun; es ist vielmehr eine Art posthistorische Entbindung (- man konnte gleichsam an eine endgültige Fehlgeburt glauben -), eine ganz besondere Art von Entbindung, nämlich eines vom Kapital im Rücken der französischen Gesellschaft gezeugten und verheimlich-

* *Anspielung auf Mitterands Amtseinführung: Unter den Klängen von Beethovens 'Neunter' zog der neue Staatspräsident ins Pantheon ein, um so symbolisch die 'kulturellen Traditionen' Frankreichs zu würdigen. (A.d.Ü.)*
** *Mont Valérien ist eine Gedenkstätte für die Opfer der Resistance während des deutschen Faschismus (A.d.Ü.)*

ten Kindes. Es gedeiht, entwickelt sich explosionsartig und überwuchert alles mit einem Schlag. Genau wie bei ALIEN*. Die Linke ist das Monster von Alien. Insgesamt ergibt dieses Ereignis einen - übrigens gut gelungenen - gigantischen Spezialeffekt, eine kurze Ekstase im grauen Lauf des Schicksals unseres Volkes.

Ich würde gern daran glauben, daß dies alles die Frucht eines langen sozialen und politischen Kampfes der Arbeiter, Gewerkschaften, Linksparteien und unzähliger individueller Willen und Initiativen wäre - aber ich glaube nicht so recht daran.
Ich glaube auch nicht, daß die Leute sich irgendwelche Illusionen über die politische Substanz der Wahlen gemacht haben. Aber sie haben die Wahlen auf ihre Art als Medium benützt - um es einmal kinematographisch auszudrücken: sie gewannen ihnen einen besonderen Effekt ab, nämlich als Wette auf die Linke, der man plötzlich alle Chancen eröffnet. "Wir haben gewonnen!" Aber Vorsicht, dieses spektakuläre Vertrauen ist mit einer Herausforderung verbunden: man leistet sich die Linke im doppelten Sinne des Wortes. Die Volksvertreter sind in dieser Hinsicht ziemlich naiv: sie sehen in ihrer Wahl einen allgemeinen Konsens; es kommt ihnen jedoch nicht in den Sinn zu sehen, wie zwiespältig es ist, jemanden an die Macht zu bringen; das Scheitern einer politischen Klasse ist für das Volk wahrscheinlich seit eh und je das größte Spektakel. Irgendwie bleibt - im berühmt-berüchtigten "Volksbewußtsein" tief

---

* *"ALIEN" : Science-Fiction-Film von R.Scott (USA 1979). Ein unbekanntes mysteriöses Monster überfällt Astronauten...(A.d.Ü.)*

verwurzelt - die politische Klasse (in welcher Form auch immer) der Hauptfeind. Wenigstens muß man das hoffen.
Ich glaube auch nicht, daß dieses elektorale "Agieren" bei den meisten Leuten einen bestimmten Ausdruck ihrer Hoffnungen, eine Huldigung an den Sozialismus als Wille und Vorstellung beinhaltet. Ich denke, daß eher die ästhetischen und moralischen Vorstellungen tangiert wurden; aber für den Rest, für die historischen und politischen Ideen bleibt dieses Ereignis folgenlos. Schließlich kommt es ja auf die Ekstase an. "Leute, von nun an wird sich alles ändern!" Man glaubt nicht im Sinne einer historischen Finalität oder Wende daran; viemehr bringt man diesem Motto eine bestimmte Anwandlung von Zustimmung und Gläubigkeit entgegen, dieses rührende und seltsame Vertrauen, das eben auf die Effekte der Innovation und des Wechsels oder die Modewirkungen gesetzt wird. Ich sage dies nicht so leichtfertig oder metaphorisch daher. Ich glaube, daß wir mit diesem politisch geschlechtslosen, ekstatischen Sozialismus buchstäblich in das Zeitalter des Ticketdenkens (prêt-à-croire) eintreten, so ähnlich wie bereits die Mode quasi die Ära der Massenkonfektion (prêt-à-porter) mitsichgebracht hat. (Die Mode ist übrigens auch ekstatisch und transsexuell.)

Der Regierungsantritt des Sozialismus als *Modell* hat nichts mit dem Sozialismus als historischem Phänomen zu tun. Als Ereignis, Mythos und Kraft des Umsturzes hat der Sozialismus sozusagen keine Zeit, sich an sich selbst anzugleichen, um als Paradigma zu wirken; er hat

auch keine Zeit mit der Gesellschaft identisch zu werden - in diesem Sinne stellt er keinen festen Zustand dar; er trat übrigens historisch nur kurz in Erscheinung. Zwar bietet sich der Sozialismus heute als stabiles und glaubwürdiges Modell an, aber er hat keinen revolutionären Anspruch mehr, sondern ist nur noch eine Simulation des Wechsels und der Zukunft (Simulation hier im Sinne der Entwicklung des bestmöglichen Szenarios). Keine Überraschung, keine Gewalt, keine Ausschreitung, keine echte Leidenschaft. Das Modell ist wie alle Modelle dazu da, sich in einer völligen Selbstangleichung zu verwirklichen, ja zu hyperrealisieren. Daher ist es m.E. ekstatisch: das Hyperreale ist die in ihrer eigenen Angleichung erstarrte Ekstase des Realen, des Imaginären entledigt und in seinem Modell erstarrt (auch wenn es das Modell des Wechsels ist).
Das wirft für uns folgende entscheidende Frage auf: Gibt es mit diesem Sozialismus auch eine Wiederbelebung der Politik, d.h. des politischen Lebens? Kann der transpolitische Prozeß der Auflösung von Zeit und Geschichte abgebremst werden? Bringt der (Regierungs)Wechsel all dies mit in Form eines verallgemeinerten Dissuasionsprozesses der sozialen und politischen Ziele, als Vorgang, wo das Reale verschwindet und alle Modelle in ekstatischer Form auftreten? Der Staat als ekstatisches Modell der vollendeten Gesellschaft, der Terror als ekstatisches Modell vollendeter Gewalt etc...?

Darauf werde ich jetzt nicht eingehen: es ist genau der von Canetti erwähnte tote Punkt: Ohne es zu merken, hätte die Menschheit ins-

gesamt die Wirklichkeit plötzlich verlassen. Wir müssen uns eben grundsätzlich mit der Frage befassen, ob diese Geschichte real oder irreal ist. Alles weitere spielt sich in diesem Rahmen ab und leider scheint dieses Problem außerhalb der Tragweite kritischen Denkens zu liegen. Darin liegt das entscheidende Dilemma. Wir müssen, um mit Canetti zu sprechen, in der jetzigen Zerstörung verharren, es sei denn, es gäbe so etwas wie eine wundersame historische Wende, eine Wende, die irgendeinem sozialen Programm bzw. ganz einfach der Realität ihr Fleisch und Blut verleihen könnte.
Die kritischen Werte der Theorie sind durch ihre Aufhebung im Sozialismus an dieser Ekstase beteiligt. In ihrer ekstatischen Form schauen sie von nun an spöttisch von oben auf uns herab.
Nun bieten theoretische Begriffe und Konzeptionen jedoch nie eine wirkliche Alternative - darüber darf man sich nicht täuschen. In ihrer radikalsten Anwendung können sie die Realität höchstens in Frage stellen als eine Herausforderung an das Reale. Sie müssen so bleiben, wenn sie sich nicht gegen einen in Gestalt eines Werturteils wenden sollen, in Form eines Prinzips, insbesondere als Realitätsprinzip, das sie ja eigentlich erschüttern sollen.
Die Metapher muß Metapher, der Begriff Begriff bleiben. Um so schlimmer für die Intellektuellen.
Und nun passiert es uns doch: das Aufkommen einer sozialistischen Alternative und - unter dem Banner der politischen Macht - die Materialisierung des gesamten (begrifflichen) Werte-

systems (Fortschritt, Geschichtsmoral, Rationalität des Politischen, schöpferische Phantasie und last but not least: die durch die Intelligenz an der Macht verklärte Tugend - kurz, das ganze für die Intellektuellenklasse grundlegende platonische Ideal, auch wenn es abgelehnt wird).
Die 68ziger hatten sich nicht darin getäuscht -es kam eben *nicht* die Phantasie an die Macht; vielmehr begnügte man sich mit einem spaßvollen Abheben ins Imaginäre und einer Freude am Untergang, was übrigens historisch die vornehmste Form des Erfolges ist. Der Mai 68 pries den poetischen Anspruch des Sozialen, eine andere Realität und die Revolutionierung der Bedürfnisse, nicht aber ihre tugendhafte Versöhnung mit einer Übergangsphase zum Sozialismus. Glücklicherweise ist 68 immer eine gewaltige, nie Realität gewordene Metapher geblieben. Heute hat uns die Realität wieder eingeholt und das Imaginäre ist mittlerweile von den unwirklichen Mauern von Nanterre herabgestiegen und in den Schubläden der Ministerien gelandet. Und das untergräbt unmerklich die gesamte intellektuelle Position.
Wie soll man sich verhalten angesichts eines Versprechens, das mit dem Anspruch auftritt, Idee und Wirklichkeit, Wort und Tat zu versöhnen; angesichts der Legalisierung aller illegalen Metaphern, angesichts der realistischen Illusion des Sozialen? Irgendwie ist das, selbst vom politischen Standpunkt aus gesehen, ein großer Widerspruch, denn der Wille, den programmatischen Anspruch mit der gesellschaftlichen Wirklichkeit in Einklang zu bringen, dieser Wille, der das stets trügerische Verspre-

chen des Politischen einlösen will (es ist eigentlich nur so lange wirksam, wie es auch trügerisch ist - Mandeville), dieser Wille ist tödlich und tödlich langweilig. Darin liegt der Widerspruch des Sozialismus.
Nun, das ist aber eine andere Geschichte. Auf jeden Fall ist heute (und das gilt nicht nur für die Sozialisten) die Macht Leuten überlassen, die ausdrücklich auf deren Ausübung verzichtet haben und nichts Politisches mehr an sich haben. Diese Leute erklären sich offen als ungeeignet für das schmutzige Geschäft der Politik (- die eigentliche Domäne weltlicher Ambitionen, worüber sich übrigens Macchiavelli und die Jesuiten völlig einig sind -); diese Leute halten also an der reinen Idee fest. Was bleibt da nun den Intellektuellen, bei denen die Reinheit der Idee zum Glaubensbekenntnis gehört, anderes übrig? Wenn schon das Soziale sich nach dem guten Willen richtet, was bleibt dem, der wirklich politisch sein möchte, da anderes übrig, als sich am schlechten Willen zu orientieren?

Der Staat wacht über die Träume und die Realität ist die Verkörperung. (F. Regis Bastide)

Die neue Macht möchte sich gern ein kulturelles und intellektuelles Image geben. Sie will nicht mehr als zynische historische Macht auftreten, sondern vielmehr die Inkarnation der Werte repräsentieren. Nachdem sie ihr politisches Wesen verraten hat, möchte sie nun, daß die Intellektuellen ihrerseits dasselbe tun. Die Intellektuellen sollen also Partei ergreifen für die Versöhnung von Theorie und Praxis und

somit die Doppeldeutigkeit der Begriffe vergessen, und zwar so ähnlich, wie die neue Macht ihrerseits die Doppeldeutigkeit des Politischen abgelegt hat. Die Intellektuellen sollen sich in den Dienst des Realen stellen und eine diskrete Seligsprechung ihrer Hoffnungen, eine glatte Versöhnung des Realen mit dem Rationalen bzw. dem Imaginären betreiben. So ungefähr sieht der uns von der Macht, die ja keine mehr ist, angebotene Vertrag aus - welch ein Gipfel an Demokratie, diese heuchlerische Macht der Tugend - und wir gehen auch noch schön in diese Falle hinein. Denn der Intellektuelle ist sich leider immer noch nicht zu schade, um als Komplize der Tugendwächter aufzutreten. Er ist auch nicht mehr auf der Höhe zynischer Praxis, d.h. einer unmoralischen und vieldeutigen Denkpraxis; genausowenig sind die Politiker heute auf der Höhe der Macht.
Wir dürften eigentlich nicht soviel Angst haben, denn dieser Sozialismus stellt lediglich das Simulakrum einer Alternative dar - er ist kein besonderes Ereignis, sondern die posthume Verkörperung einer überholten Ideologie. Er nimmt die Form eines Modells statt eines Mythos oder gar einer Geschichte an - illusionslos bezüglich seiner ursprünglichen Stärke nimmt er jedoch einfach Glaubwürdigkeit in Anspruch. Dieser Sozialismus macht sich keine Illusionen über die ihn begründende politische Leidenschaft, bietet sich jedoch als Pathos, als moralisches und historisches Artefakt an. Gegen dieses ehrwürdige Simulakrum des Sozialismus, das schließlich nach so vielen Mißerfolgen, sozusagen endlich an den Strand der Macht gespült worden ist, allerdings als Wrack,

gegen dieses Gespenst der Moral können wir nichts ausrichten. Genausowenig konnten wir, mangels Substanz, etwas gegen das Macht-Gespenst Giscards bewirken; so konnte zwar das revolutionäre Denken dem Kapital die Stirn bieten, dem Gespenst des Kapitals war es jedoch bis zur Vernichtung ausgeliefert.

Das Sytem der Simulation raubt uns jegliche Widerstandskraft, der simulierte Sozialismus nimmt uns jede Partizipationsmöglichkeit. Die simulierten Werte (Fortschritt, Profit und Produktion - Aufklärung, Geschichte und Rationalität) haben wir lediglich auf ihren *Realitäts*anspruch hin analysiert, aber nicht als Simulakren, als Gespenster aus zweiter Hand abgeschafft: sie lassen sich nicht vertreiben, solange sie einen trugbildhaften Charakter haben. Genau dieses sozialistische Gespenst aus Zweiter Hand geht heute um in Europa. Zuerst spukten wir mitten unter den Gespenstern des Kapitals umher, von nun an werden wir mit dem posthumen Modell des Sozialismus herumirren. An dieser ganzen Hyperrealität wird sich nicht das geringste ändern und in einem gewissen Sinne ist sie uns schon seit langem vertraut. Wir leiden an politischer Leukämie und die wachsende Gleichgültigkeit (- wir sind von der Macht durchdrungen und gleichzeitig durchdringen wir die Macht, ohne sie allerdings zu erreichen bzw. von ihr erreicht zu werden -) gleicht ganz deutlich dem modernsten Pathologie-Typ: an die Stelle einer wirklichen körperlichen Belastungsfähigkeit tritt die zunehmende Unfähigkeit des Organismus zur Bildung von Antikörpern (und es besteht sogar, wie bei der multiplen Skle-

rose die Möglichkeit, daß die Antikörper sich gegen den Organismus wenden).
Der Sozialismus an der Macht stellt also lediglich eine letzte Phase in der angeblichen Entzauberung dieser Gesellschaft dar. Trotzdem sind wir wieder einmal mehr völlig überrascht. Zum ersten Mal werden somit das kulturelle Kollektivpathos und das bißchen politisch-moralischer Utopie, das noch in den Trümmern einer durch die heilsame, ideologische Katastrophe von 68 heimgesuchten Gesellschaft liegt, wieder aufpoliert, um so als Gespenst dienen zu können. Wir erlebten im Großen und Ganzen in den letzten zwanzig Jahren den wirtschaftlichen Aufschwung als gigantische künstliche Prothese, um die alle in ihrer prätendierten Objektivität unanfechtbaren kollektiven Vorsätze kreisten. Darauf beruhten nicht nur die Tatsachenurteile, sondern auch die Werturteile und die politischen Entscheidungen (alles läuft natürlich über eine Simulation ökonomischer Rationalität, von der allerdings kein Mensch mehr etwas versteht, aber was solls? Die Fiktion des Wirtschaftsrechts kann so stark werden, daß daraus sogar ein echter Tarifvertrag wird). Dieses Mal schlägt man uns einen anderen Tarifvertrag vor: Moral und Kultur sollen die Stützpfeiler der neuen Regierung darstellen. Als Sozial- und Kulturprothese: "Ihre Ideen interessieren uns!" "Ihre Wünsche interessieren uns!" "Ihre Kreativität interressiert uns!" - der Banquier von der B.N.P.* ist da ehrlicher:."Ihr Geld interessiert uns!"; und noch direkter die Leute aus der Dritten

---

** B.N.P. = Banque Nationale de Paris, eine der größten Banken Frankreichs (A.d.Ü.)*

Welt: "Eure Mülleimer interessieren uns!" . Nach soviel objektiver Verwaltung, die bei den Leuten Gleichgültigkeit hervorrief, nun also der Rückgriff auf eine soziale Subjektivität und Affektivität, die sich auf ihre Toten beruft (das Pantheon); man gräbt in den Trümmern des historisch Imaginären etwas aus und macht sozusagen eine Marionette des Allgemeinwillens (volonté collective) daraus.
Und darin liegt für uns Intellektuelle die Falle. Denn solange es nur um die Ökonomie, die Planungsentwicklung und die Entzauberung einer liberalen Gesellschaft ging, verfügten wir über eine reichhaltige geistige und politisch unbestimmte Reserve, waren wir Vestalinnen einer kleinen kritischen, philosophischen Flamme, Verheißung einer stillen Wirksamkeit von Theorie (übrigens ging es der Theorie ganz gut dabei; sie wird jedoch wahrscheinlich nie mehr zu dem großen Einfluß zurückfinden und ebensowenig zu der äußerst einfachen Aufgabe und Stellung ,der sie sich in den letzten zwanzig Jahren erfreute).

Die aktiven Kräfte waren da gut aufgehoben, wo sie waren, d.h. woanders, im anderen Frankreich, diesseits der Macht, im Schatten von Morgen. Was für eine Absurdität und Gefahr, diese antreibenden Kräfte zur Geschäftsleitung zu bewegen! Nichts ist schlimmer als die Absorption theoretischer Stärke in einer Institution. Ich will damit folgendes sagen: der utopische Charakter der Begriffe, auf deren Grundlage wir die uns nicht betreffende Situation analysierten und in ihre imaginären Bestandteile auflösten, wendet sich sogar gegen uns in Form eines wirklichen Werturteils und einer geistig mit unseren eigenen Waffen ausgestatteten Rechtsprechung; sie wendet sich gegen uns in Gestalt dieses gespensterhaften Allgemeinwillens (volonté collective), der - auch wenn er unsere eigene Klasse repräsentieren sollte - selbst simuliert noch über die Macht verfügt, um uns auszuschalten. Als Hüter der sublimen Diskrepanz zwischen den Zeichen und dem Realen sind wir gefangen und zugleich gelähmt durch die Inszenierung ihrer Versöhnung.

Es ist wie eine chemische Reaktion, bei der die Kristalle verfestigt sind und eine in Suspension befindliche Lösung durch eine in ihrer Wirkung irreversible Auflösung ihren Endzustand erreicht.

Wir haben keine Feinde mehr, da sie jetzt an der Macht sind; die (subjektiv) Besten sind gleichzeitig auch die (objektiv) Schlimmsten. Da jede Pragmatik gleichzeitig immer auch paradox ist, werden wir diesem Problem nicht entgehen können und praktisch in eine Art double bind-Situation geraten; in ein unlösbares Dilemma (aber nicht in einen historischen Widerspruch). Dieses Dilemma besteht darin, daß wir bei einem unwirklichen Ereignis aus zweiter Hand voll mitmachen sollen, und zwar so, als sei es ein reales aus erster Hand. Nur wenige Ereignisse geschehen zu ihrer Zeit, einige sind verfrüht, andere verspätet; sie bilden nur die simulierte Wiederholung einer verpaßten historischen Wende. Simulatio post mortem. Es gibt also zu späte wie zu frühe Fehlgeburten, so wie in unserem Fall, denn das plötzliche Aufkommen des Sozialismus beruht nicht auf Enthusiasmus oder einem historischen Bruch, sondern auf wachsender Gleichgültigkeit und einem Stagnieren der Geschichte.(Nun hat man eben stattdessen die Gewißheit des wahren Frankreich.)* Der unerwartete Erfolg dieses historischen Modells, das seine Wahrheit längst schon unterwegs verloren hat, paßt gut zur Ordnung des Recycling und der Simulation; es setzt jedoch voraus, daß wir so tun *als* sei sie die Original-Version (es geht hier überhaupt nicht darum, den Akteuren dieses sozialistischen Psychodramas Falschspielertum oder Betrug zu unterstellen - ihre Integrität und ihr Enthusiasmus sei ihnen (zu mindest einigen) unbelassen. Leider geht es um Schwerwiegenderes: was zur Diskussion steht, ist die Integrität und Originalität des eigentlichen historischen Geschehens).Wir sind also als Gegenleistung dazu aufgefordert zu simulieren,d.h. so zu tun, als ob der unaufhaltsame historische Fortschritt uns so weit gebracht habe und als ob dieser mit der Hoffnung auf Lebensveränderung in Einklang stünde, gleichsam wie in einer seltsamen formellen Angleichung (die Sozialisten bedienen sich übrigens eines alten Rimbaud-Slogans: "Leute,freut Euch, heute verändern wir wirklich das Leben

---

** Der Ausdruck "La France profonde" geht auf die historisch bedingte Unterscheidung zwischen Staat und Gesellschaft zurück, der sich auch im Begriffspaar "le pays réel" und "Le pays légal" ausdrückt. Er wird immer wieder zur Legitimation eingesetzt: zur Rechtfertigung einer Forderung, die vom (fortschrittlichen) Staat nicht erfüllt wird, aber der "Wahrheit" der "France profonde" entspreche. Beispiel: Die "France profonde" ist für die Todesstrafe, welche Mitterand abgeschafft hat. Baudrillard verwendet den Begriff ironisch. (Anmerkung von Jürg Altwegg und Aurel Schmidt im Basler Magazin vom 5.Febr. 1983)*

– toll was!?" Immer wieder dieser Einbruch irrealer Metaphern in (der) Realität).
Wir stehen jedoch nicht nur vor diesem Dilemma. Es muß noch etwas anderes aufgedeckt werden, auch wenn dies sehr schwer ist; es betrifft die große Verworrenheit des gesamten sozialistischen Programms: auch wenn seine Intentionen noch so edel sind – so sind sie letztlich doch nur naiv. Ich komme auf Mandeville* und seine Bienenfabel zurück: er zeigt (– einige werden sagen, daß sich mit der Revolution im 18. Jahrhundert alles geändert habe, was meines Erachtens völlig falsch ist –), daß eine Gesellschaft nicht durch ihre Moralität und ihr positives Wertesystem verändert und vorangetrieben wird, sondern gerade durch ihre Immoralität, ihre Übel und das mangelhafte Funktionieren ihrer eigenen Werte. In gewisser Hinsicht ist dies politischer Natur: diese strukturelle Doppeldeutigkeit, auf der das Funktionieren von Gesellschaften beruht, unterscheidet sich klar von der Psychologie unserer politischen Führung. Es handelt sich um eine grundlegende Doppeldeutigkeit, die auf allen Ebenen aus dem sozialen Prozeß ein *Spiel* macht, ein Spiel, bei dem die Gesellschaft größtenteils ihre eigene Soziabilität verspielt; sie überlebt dank dieser Flexibilität des Scheinhaften, dank dieser gleichgültigen Abkehr und dieser ihren eigenen Werten gegenüber unmoralischen Strategie (einer Strategie, die zwar zweifellos kollektiv, aber dafür unsichtbar und in sich unabgestimmt ist).

** vgl. Bernard Mandeville: Die Bienenfabel oder Private Laster und öffentliche Vorteile, Fft/M. 1968 (A.d.Ü.)*

Die sozialistische Ideologie ist das genaue Gegenteil (daher haben sie meines Erachtens auch den Sinn des Politischen verloren) - die Sozialisten wie auch die gesamte Soziologie gehen davon aus, daß jede Gesellschaft praktisch sozial ist, d.h. in Übereinstimmung mit ihren eigenen Werten ist und über ein zusammenhängendes kollektives Programm verfügt. Insofern besteht also das Problem darin, die Gesellschaft mit ihrem eigenen Programm zu versöhnen und nur das nötigste zu "sozialisieren". Beseitigung jeglicher trügerischen Doppeldeutigkeit und jeder Strategie des Scheins im Hinblick auf die Werte - Stärkung der sozialen Beziehungen, Erhöhung der kollektiven Verantwortung (und natürlich auch der Kontrolle), Durchschaubarkeit der Organisationsstrukturen, Apotheose von öffentlicher Moral und Kultur. So ungefähr sieht der sozialistische Traum aus, voller Transparenz und strotzender Naivität; denn welche Gruppe hat sich jemals schon danach gerichtet - und vor allem: wer hat jemals im Traum daran gedacht? Wahrscheinlich dürfte es glücklicherweise nie ein Programm gegeben haben, das diesen Namen verdient, *genausowenig wie eine Gruppe sich (jemals) idealtypisch als soziale konstituiert haben dürfte,* kurz, nicht einmal ein Hauch davon (höchstens in den Köpfen der Intellektuellen). Ebensowenig hat es wohl jemals so etwas wie ein kollektives Subjekt (sujet collective) mit beschränkter Haftung gegeben. Gesellschaften, die ihre Energien diesen Zielen widmen und diesem moralischen Traum der Vergesellschaftung nacheifern, sind von vornherein verloren. Darin liegt genau der grundlegende Widerspruch.

Glücklicherweise werden diese Gesellschaften immer daran scheitern, d.h. sie überlisten sich selbst; das Soziale findet nicht statt.

Mitterrand im Pantheon

Christian Weiss

DIE VERFÜHRUNG, EINE DIABOLISCHE STRATEGIE
Interview mit Robert Maggiori (Libération)

*Robert Maggiori: Was für eine (intellektuelle) Entwicklung veranlaßte Dich dazu, die Verführung zum Gegenstand theoretischer Überlegungen zu machen?**

Jean Baudrillard: Ich weiß nicht, ob man hier von einer "Entwicklung" sprechen kann. In meinen Reflexionen über Gegenstände und Zeichen, die Produktion, die politische Ökonomie, die Begriffe wie Masse und Implosion, habe ich versucht, Systeme in ihrer Faszinationskraft zu erforschen.

Doch eine bis auf die Spitze getriebene Entzauberung der Systeme würde vielleicht im Pessimismus (nämlich: Katastrophendenken) enden, wie man mir manchmal vorwarf. Mit der (Konzeption der) Verführung wollte ich dieselben Probleme wieder aufgreifen, allerdings von einer "anderen", reizvolleren und spielerischeren Seite her. Im Grunde genommen geht es bei der Simulation (um die ja alle meine Überlegungen kreisen) und der Verführung um die selben Einsätze. Mein Interesse an der Verführung verdankt sich der Tatsache, daß sie - im Gegensatz zu allen anderen Untersuchungsgegenständen - theoretisch noch nicht bearbeitet bzw. erkannt ist; sie geht den Dingen nicht "auf den Grund" im Sinne einer "Theorie-Wahrheit" (théorie-vérité), sondern im Sinne einer Theorie-Fiktion (théorie-fiction). Ich ging zu-

---

* *vgl. J. Baudrillard: De la séduction. L'horizon sacré des apparances, Paris 1979 (A.d.Ü.)*

nächst von dem Gegenteil der Verführung, der Anti-Verführung aus, wie in der Pornographie und in der Sexualität. Eine Grundsatzkritik, wie ich es für die Produktion* versucht habe, erschien mir problematisch, denn es sollte nicht so etwas wie ein "Spiegel des Wunsches" dabei herauskommen; vielmehr ging es darum, einen Weg zu finden, um dies alles von einer anderen Seite angehen zu können. Mit der Verführung ist genau diese Umkehrung erfolgt. Den anderen Ausgangspunkt bildete das Gegensatzpaar: séduction(Verführung)/production(Produktion). Es ging dabei jedoch nicht um einen analytischen Gegensatz mit einer bestimmten Sinnrelation. Es war eher ein (phonetisches) Wortspiel, ein Zusammenstoß von Wörtern, die zu Thesen führten wie: Bisher galt, daß alles der Produktion unterliegt, was aber wäre, wenn alles über die Verführung läuft? Hier fände sich ein Weg, um die politische Ökonomie, die Wunschökonomie und all die Bereiche, die tatsächlich die Verführung verdeckt haben, von einer anderen Seite anzugehen, um sie durch einen radikalen Perspektivwechsel aufzulösen.

Du sprichst von einer "verdeckten" Verführung. Das erscheint paradox: man hat vielmehr den Eindruck, daß alles über die Verführung läuft, angefangen bei der Werbung bis hin zum politischen Diskurs...

Diese Form der Verführung, auf die Du da anspielst, nenne ich "lasche Verführung"; sie ist nur allzu bekannt. Sie ist Teil der Wunschstrategie und kommt wirklich überall vor,

---

* *vgl. J. Baudrillard: Le Miroir de la production, Paris 1973(A.d.Ü.)*

nicht nur in der Werbung, sondern auch im Erziehungsbereich, in den Sozial- und sogar in den Liebesbeziehungen. Sie wirkt in Form einer Zuwendung als Antwort auf ein Verlangen, psychologisch gesprochen. Hier in diesem Sinn bedeutet also eine Person verführen: sie in eine Situation bringen, wo man ihr etwas *geben* statt *nehmen* kann. Es gibt eine Forderung und es gilt sie anzunehmen, d.h. quasi eine Aufnahmebereitschaft zu zeigen. Darauf beruht die psychologische Manipulation der "laschen" Verführung. Aber diese Form der Verführung interessiert mich nicht. Für mich beinhaltet die Verführung vielmehr so etwas wie eine Herausforderung, eine rätselhafte und geheimnisvolle dual/duellhafte Beziehung, deren Regeln unausgesprochen bleiben und die gerade deshalb verführerisch sind. Wenn die Verführung zum Realitätsprinzip wird, im Sinne eines schwach erotisierten Frage- Antwortspiels, dann ist sie keine wirkliche Verführung mehr, sondern nur noch "lasche Verführung". Man kann festhalten, daß diese Form heute an Wirkungskraft verliert. Sie hat nicht diesen trugbildhaften Charakter, es fehlt die Ablenkung bzw. Abkehr von der Wahrheit und den Wünschen (désirs) und diese Dimension der Steigerung, die m.E. gerade die radikale Verführung ausmacht.

Die ersten Kapitel Deines Buches provozieren einen Aufschrei. Du schreibst: Die männliche Allmacht ist die Macht der Produktion, während die weibliche Stärke in der Verführung liegt. Nun betrachten die Feministinnen gerade die Verführung eher als künstliche Abkehr bzw. Ablenkung (détournement) von der Wahrheit der Frau. Du gehst sogar noch weiter, indem Du behauptest, daß das Weibliche niemals dominiert worden sei, sondern immer dominiert habe.

Ich werde nicht versuchen, mich dadurch aus der Affäre zu ziehen, daß ich von dem Männlichen und dem Weiblichen spreche, statt von Männern und Frauen, obwohl das ja eigentlich stimmt. Das Gegensatzpaar weiblich/männlich basiert auf einer ideologischen Position des Weiblichen, die die Frauen als Geschlecht, d.h. als biologisch-organische Wesen, durchaus einnehmen können. Aber tatsächlich ist das Weibliche doch viel subtiler: es steht nicht im *Gegensatz* zum Männlichen, sondern *verführt* es geradezu. Um den anderen zu verführen, darf man nicht existieren. Die starke Position der Verführerin bzw. des Verführers rührt daher, daß sie keine Wahrheit, keinen Ort und keinen Sinn hat.

Das Weibliche verführt, weil es nichts ist; das Männliche dagegen ist verwundbar, weil es etwas darstellt, weil es nämlich eine Wahrheit, einen Sinn hat, und daher kann es von allen Seiten angegriffen werden, nämlich in dem Sinne, daß das (Sinn) Leere (le vide) immer die Oberhand über das (Sinn) Volle (le plein) behält. Die phallische Festung besitzt alle Merkmale der Festung, d.h. alle Merkmale der Schwäche: sie lebt nur vom Bollwerk einer manifesten Sexualität, einer Finalität des Geschlechts, welche sich in der (Re)Produktion oder Lust erschöpft. Ich wollte das Weibliche entpsychologisieren, entbiologisieren und entideologisieren, also die Betrachtungsweise ändern. Thesen wie: "Die Frau ist nichts, sondern nur Schein", können sicherlich schockieren, wenn man sie wortwörtlich nimmt. Wenn ich sage, daß die Frau nur Schein ist, meine ich damit, daß sie über eine Strategie des Scheins verfügt,und darin liegt gerade ihre Stärke. Da nun die Weiblichkeit insgeheim die Oberhand behält, soll sie in eine Norm eingebunden werden, d.h. man drängt sie dazu, sich zu "befreien", ihre "Wahrheit", die Wahrheit ihres Geschlechts zu finden. Die Frau geht daher in die Falle, wenn sie sich heute als autonomes Subjekt (sujet plein) mit einer entsprechenden sexuellen, juristischen, politischen, historischen etc. Praxis begreift. Ich riskiere hier einige Mißverständnisse. Natürlich möchte ich mich nicht der kollektiven Bewegung entgegenstellen, wo Frauen sich immer mehr als Geschlecht (er)leben. Es liegt mir fern, die Frauenbewegung anzufechten, ich sage lediglich: das Weibliche befindet sich als Prinzip, als Form, als Stärke, als Souveränität woanders, und all das scheint in der Frauenbewegung verkannt zu werden. In der Tat tappen alle in die selbe Falle: das Geschlecht soll finalisiert werden und wieder seinen "Sinn" bekommen; aus ihm soll ein Realitätsprinzip gemacht werden... etc, während es sich noch etwas anders verhielt,als die Frauen sich in einer Situation offensichtlicher Ohnmacht befanden. Die Behauptung, daß sie schon immer in dieser radikalen Entfremdung ihres Geschlechts gefangen gewesen seien, leuchtet mir nicht ganz ein. Was nun, wenn es gar nicht um das Geschlecht ginge? Wir sähen dann, daß die gesamte Macht- und Souveränitätsfrage sich anders stellt. Vielleicht ist es unmöglich das Problem so zu stellen, zumal sich in politischer, ideologischer und sexueller Hinsicht alles in den Kategorien von Kräfteverhältnissen und Rechtsverhältnissen definiert. Die Verführung entgeht gerade diesem Aspekt von Kräfteverhältnissen.

Du rollst die gesamte zeitgenössische Diskussion von hinten auf...

Mag sein, eben weil das Problem der Frauen, indem nun Geschlecht und Begehren ins Spiel gebracht werden, sich als eines der treffensten Beispiele dafür anbietet. Die Diskussion scheint mir durch ihre psychologisch-politischen Implikationen heruntergekommen zu sein und dadurch jede Auseinandersetzung unmöglich zu machen.

Ich weiß nicht, ob die Feministinnen Deine These diskutieren werden, denn schließlich erscheint die "Stärke des Scheins", die Du den Frauen oder dem Weiblichen zuschreibst, ziemlich fragwürdig angesichts ihrer real erfahrenen Ausbeutung und Entfremdung.

Gewiß, aber die Sexualität will das ja so und das ist das unlösbare Problem. Die Falle ist wieder zugeschnappt mit all den Mechanismen der historischen, politischen und sexuellen Kräfteverhältnisse, und um herauszubekommen, was abläuft, müssen wir sie auseinandernehmen.

Das Wort "séduction" (Verführung) kommt etymologisch von "détournement" (Ablenkung etc.). Du präzisierst nun: Ablenkung von der Wahrheit des Geschlechts...*

Unter anderem...

** détournement: auch im Sinne von "Entführung" bzw. "Verführung" z.B. "détourner des mineurs": Entführung bzw. Verführung von Minderjährigen (A.d.Ü.)*

Ja, aber schließlich bestehst Du ja darauf. Die Sexualität hat für Dich nur einen eindeutigen und banalen Zweck, nämlich Lust und Befriedigung, während die Verführung bei Dir zur Herausforderung, zum unendlichen Spiel wird: zum ununterbrochenen rituellen Austausch, zur unbegrenzten Steigerung, zur Komplizität etc... Aber ist die so definierte Verführung nicht ganz einfach ein anderes Wort für Liebe?

Die Verführung und die Liebe gewinnen heute insofern wieder an Bedeutung, als sie nicht unter theoretisierte Begriffe subsumierbar sind; sie hatten in diesem Sinne in keinem der grossen Deutungssysteme Platz. Heute nehmen sie wieder mit einem Schlag an Bedeutung zu: Die Psychoanalytiker entdecken z.B. die Liebe (noch nicht die Verführung, aber das wird bald kommen!). Diese beiden Begriffe sind zwar nicht identisch, haben aber gewiß Ähnlichkeiten. In unserer Kultur erlebte die Verführung im 18. Jahrhundert eine Art "Goldenes Zeitalter", allerdings in einer konventionalisierten, entsinnlichten und ritualisierten Form; sie war ein strategisches Spiel und hatte nicht viel mit der Liebe gemein. Mit der Liebe verbinden wir stark romantisch-romaneske Vorstellungen, die bei der mehr strategischen und aristokratischen Verführung fehlen. Wir sehen also bereits die unterschiedliche Färbung der Begriffe, obwohl z.B. die Kurtisanenliebe ebenfalls Formen des Spiels kannte. Später, nach dem 19. Jahrhundert und dann vor allem mit dem Aufkommen der Psychoanalyse, verschwand die Liebe in der Rhetorik der Triebkonzeption. Und trotzdem betrachtet man die Liebe als Möglichkeit zur Vereinigung zweier Begehren, zweier Subjekte: in ihrer Sinnträchtigkeit wird die Liebe zur Erfüllung des Subjekts. Die Verführung wendet sich in dieser Hinsicht jedoch m.E. von dieser rhetorischen Form ab, sie ist leichtfertiger, direkter und antagonistischer. Es gibt jedoch immer noch zahlreiche Berührungspunkte zwischen der Liebe und der Verführung. Die Trennung vollzog sich auf jeden Fall mit dem Aufkommen und der Popularisierung des Triebkonzepts, wodurch die Liebe eine individuelle Finalität erhält - nämlich: Erfüllung -; die Verführung stellt sich dagegen als dual/duellhafter Prozeß dar; sie ist viel ritualisierter als die Liebe.

Ich bin nicht ganz damit einverstanden. Ich habe sogar den Eindruck, daß man den Spieß umdrehen und in der Liebe eine größere 'Herausforderung' als in der Verführung sehen könnte. Die Liebe ist nur dann einfach "Erfüllung", wenn sie in ihrer narzißtischen Version verstanden wird, d.h.: 'ich liebe den anderen, weil er mir ähnlich ist, also verdopple ich mich; ich liebe den anderen, weil er das Gegenteil von mir ist, also vervollständige ich mich'. Nun kann man aber die Liebe auch als unentgeltliche Begeisterung für den anderen ansehen, die nicht auf eine Antwort wartet; als Herausforderung, die den anderen dazu bringt, mich mehr zu lieben als ich ihn liebe, kurz: als unbegrenzte Steigerung. Die Verführung kann man dagegen auch als eine Art Mittel zum Zweck begreifen, als eine Taktik, die den anderen "in die Enge treiben" will.

Das stimmt und beweist, daß es noch mehr Berührungspunkte zwischen der Verführung und der Liebe gibt. Ich sehe jedoch noch einen anderen Unterschied. Die Liebe ist da,um ausgesprochen zu werden und, wie Barthes* betont, der eigentliche Liebesakt besteht im: "Ich liebe dich". Die Verführung dagegen läßt sich nicht formulieren, denn sie beruht darauf, unausgesprochen zu bleiben.

Die Liebe besitzt eine eigene Sprache,und die ist,wenn wir von dem Verb "lieben" absehen, wesentlich metaphorisch. Wie steht es da nun mit der Verführung? Du sprichst viel vom Geheimnis, vom Blick, aber etwas weniger vom Sprechen. Gibt es eine Sprache der Verführung?

Ehrlich gesagt, ich weiß nicht, ob wir mit einer Sprache der Verführung etwas anfangen können. Im 18. Jahrhundert besaß die Verführung ein sehr ritualisiertes, d.h. stereotypes Sprachdispositiv. Aber das ist heute nicht mehr der Fall: jedes Wort wird von der Verführung ergriffen. Es stellt sich vielmehr die Frage, ob die Verführung über elliptische, ephemere, unauffällige und zweideutige Zeichen läuft, die eben genau nicht die "richtigen" Zeichen der Kommunikation sind. Mir scheint, daß die Verführung eher über den Blick,über Gesten bzw. Gerüche läuft, kurz: über diese unmittelbaren, blitzartigen Züge, die sich von der eigentlichen Sprache entfernen und keinen direkten, dechiffrierbaren Sinnbezug haben. Was sich nicht dechiffrieren läßt, eröffnet die Möglichkeit zur Verführung. Verführung setzt voraus, daß in einem bestimmten Moment nichtdechiffrierbare und nicht-intelligible Zeichen im Spiel sind. Da die Sprache der Dechiffrie-

* *vgl. Roland Barthes: Fragments d'un Discours Amoureux, Paris 1978 (A.d.Ü.)*

rung näher steht, fällt sie etwas aus dem Bereich der Verführung heraus. Im Grunde genommen haben wir es bei der Verführung (wie wir bei Kierkegaard* sehen können) immer mit einer rätselhaften dual/duellhaften Beziehung zu tun.

Du sprichst auch über die Verführung bei den Tieren. Hier ist das nun unmittelbar mit dem Instinkt verbundene Zeichen wohl kaum rätselhaft, sondern im Gegenteil blind, nämlich an die "Natur" gebunden.

Beim Tier läuft die Verführung über das Ritual, wobei das Ritual den Sinn der Zeichen entkräftet. Durch den genauen Ablauf bzw. die Wiederholbarkeit sind die Zeichen nicht mehr über ihren Sinn vermittelt. Die Zeichen werden bei den Tieren nicht dechiffriert. In ihrer Verkettung stellen sie auf Anhieb ein Ritual dar; es handelt sich also nicht um natürliche Zeichen, sondern um eine Art (ver)kleidende Aufmachung (parure), die weder natur- noch kulturspezifisch ist und uns ermöglicht, über eine Strategie des Rituals zu einer Strategie des Scheinhaften zu gelangen. Diese (ver)kleidende Aufmachung gilt für das Tier und die Verführerin, aber m.E. genausogut auch für den Verführer. Man glaubt in der Strategie des Verführers immer ein Kalkül sehen zu müssen, ein Kalkül der Entfremdung und Vereinnahmung des anderen: nun geht der Verführer ganz geschickt mit seinem eigenen Kalkül um: (ver)kleidende Aufmachung (parure) und angeberische (Ver)Kleidung (parade) zugleich. Kommen wir auf den Zeichenbegriff zurück:

** vgl. S. Kierkegaard: Das Tagebuch des Verführers, München 1963, (A.d.Ü.)*

das verführende Zeichen ist ein überdimensioniertes Zeichen, sozusagen noch falscher als falsch, und in dieser trügerischen Verdoppelung findet es zu einer verführerischen, scheinhaften Transparenz zurück. Wahrer als wahr ist die Pornographie: durch die Enthüllung des Geschlechts(organs) schafft sie eine totale Hyperrealität und Künstlichkeit; sie ist der Tiefpunkt der Verführung, deren Höhepunkt gerade das wäre, was noch falscher als falsch ist.
Die Verführung, so sagst du, steht der Produktion entgegen, der Produktion von Sinn und Wahrheit. In diesem Sinn repräsentiert die Pornographie in ihrer absoluten Monströsität eine Super-Produktion von Wahrheit und damit den Gipfel der Anti-Verführung.
Die Pornographie ist Beispiel für einen allgemeinen Prozeß, mit einer, so könnte man sagen, Art Fatalität: die Dinge werden der Herrschaft des Sinns unterworfen, ihnen wird eine Tiefgründigkeit, eine Wahrheit gegeben etc... Den Dingen wird in ihrer Sinnträchtigkeit "auf den Grund" gegangen; sie müssen quasi produziert werden, d.h. wieder ans Tageslicht gebracht werden. So funktioniert unser gesamtes Denken. Die Verführung dagegen gehört zur Sphäre des Scheinhaften; sie dringt nicht "zum Grund" der Dinge vor und braucht deshalb auch nicht produziert zu werden. Die Pornographie ist das Gegenteil, nämlich Hyper-Produktion, die extremste "Freisetzung" von Sinn und Wahrheit. Sie bereitet jeder Möglichkeit zum Spiel und auch dem Imaginären ein Ende, indem sie die Geschlechtsorgane auf eine obszöne Art präsentiert; in dieser Promiskuität wird das Reale somit zur Hy-

per-Realität. Mit der Pornographie wird der Reinzustand der Produktion erreicht: Produktion um der Produktion willen, als grandiose Show des Realen. Es gibt keine (verführerische) Ablenkung mehr: alles hat seinen Platz, ist irreversibel; die Geschlechtsorgane stehen in Reih und Glied, so real, realer gehts nicht mehr. Durch die zur Schau gestellten Geschlechtsorgane wird in der Pornographie jede Form von Verführung verhindert. Nun könnte man - etwas weniger pessimistisch- sagen, daß das letztlich doch unmöglich sei. Je mehr die Realitätsorgie in ihrer obszönen Wut versucht, die Wahrheit zu finden, d.h. alles zu sagen und zu zeigen, kurz: alle Geheimnisse zu lüften, desto mehr scheitert sie bei diesem Unternehmen. Das Geheimnis läßt sich niemals lüften; die Wahrheit ist unauffindbar,also hat die Verführung immer irgendwo ihren Platz. Um die Scheinwelt der Bühne zu zerstören, ließ man uns im Theater einmal einen Blick hinter die Kulissen werfen, auf die Theatermaschinerie, so nach dem Motto: "Schaut euch mal unsere realen Arbeitsstrukturen an!" Und was erreichte man mit dieser Demonstration? Nur noch ein weiteres Element der Bühnenillusion.

Gibt es männliche und weibliche Prototypen der Verführung?

Sicherlich lassen sich historische Figuren finden. Man könnte sie unter der Fragestellung analysieren, ob es eine je spezifisch männliche bzw. weibliche Form von Verführung gibt, wobei erstere strategischer,letztere diffuser Natur zu sein scheint. Ich weiß allerdings nicht, ob man sich mit dieser historischen Konfiguration nicht selbst überlistet.(Ver)kleidende Aufmachung gilt allgemein als frauenspezifisch und dem Mann wird Strategie nachgesagt. Es gibt jedoch tatsächlich eine (ver)kleidene Aufmachung der Strategie und gleichzeitig eine Strategie der (ver)kleidenden Aufmachung. Vielleicht stand die Verführung an einem bestimmten historischen Punkt unter dem Einfluß einer typisch westlichen Form sexueller Diskriminierung, mit dem Ziel politischer und sexueller Macht. Die Figur des Verführers war jedenfalls beherrschend; als Manipulator und Meister des Geschehens vereinnahmte der Verführer das Begehren des anderen und lenkte es auf sexuelle Ziele. Aber selbst im 18. Jahrhundert war er (auch) verweiblicht (féminisé). Etwas allgemeiner formuliert kann man sagen: (Jemanden) verführen bedeutet eigentlich nicht Beherrschung; der Verführer verführt durch sein schwankendes flottierendes, sich zwischen den Geschlechtern bewegendes Moment dadurch, daß er nicht nur *ein* Geschlecht ist. Insofern setzt Verführung voraus, daß die Geschlechter in ihrer Bestimmung wirklich wieder ins Spiel eingebracht werden. Vielleicht erklärt sich daraus auch das gegenwärtige Fehlen der Verführung, bedingt durch eine gewisse Unbestimmtheit und Ungewißheit der Geschlechter. Die Verführung sorgt also im Hinblick auf die Geschlechterfrage für keine Verwirrung mehr, denn die Unbestimmtheit ist bereits soweit fortgeschritten, daß niemand eigentlich mehr weiß, welchem Geschlecht er angehört. Früher bedeutete verführen eben gerade die Verunsicherung dieser sexuellen Bestimmung, das Abgleiten ins Unbestimmte. Heute herrscht ja Unbestimmtheit und wenn es noch Verführung geben sollte, dann in folgender Form: "Ich werde herausbekommen, welches Geschlecht du hast." Nun gut, das ist ein Ulk, aber diese Wandlung scheint sich m.E. bereits vollzogen zu haben. Dasselbe ließe sich über die Figur der Verführerin sagen, so wie sie im 19. Jahrhundert bzw. 20. Jahrhundert (mit der Geburt des Films) auftrat. Hier kommt nun das Begehren ins Spiel. Die Verführerin wirkt quasi wie eine zerstörerische Kraft auf das Begehren des anderen ein: eine trugbildhafte und (ent)täuschende Kraft. Das Begehren ist heute kein (Spiel)Einsatz mehr. So kommt es auch, daß die spezielle Figur der Verführerin (von der Bildfläche) verschwinden kann, die noch ausgiebig mit dem Begehren des Mannes spielte, so wie es insbesondere der Filmstar auf der Massenebene tat. Die Figur des Verführers tritt erst auf, nachdem der Geschlechtsunterschied theoretisch, ideologisch und historisch festgeschrieben war: ihm kommt es zu, diesen Unterschied zu verwischen, während die an das Begehren gebundene Verführerin es (ent)täuschen will. Mit dem (Weg)Fall des Begehrens und der Verringerung des Geschlechtsunterschieds können auch Verführer und Verführerin verschwinden, was nicht unbedingt das Verschwinden der Verführung impliziert.

Heute tendiert man, vielleicht auch aufgrund des Imperialismus des psychoanalytischen Diskurses, zu der These, daß die Krankheit in der Unfähigkeit zur Lust besteht. Du behauptest nun, daß nur die wirklich krank sind, die außerhalb der Verführung stehen. Wie ist das zu verstehen?

Verführen oder verführt werden bedeutet die Fähigkeit, sich auf eine ganz andere Konfiguration und (dem eigenen Realitätsprinzip entgegengesetzte) Spielregeln einlassen zu können; sich von seiner eigenen Wahrheit und den anderen von der seinigen ablenken; all dies ist wichtiger als z.B. die sexuelle Lust und Befriedigung, was eh nur nach den Gesetzen von Angebot und Nachfrage funktioniert. Heutzutage ist jeder durch sein Begehren getrieben, von einer Lust(erfahrung) zur nächsten zu gelangen, und wenn er es nicht schafft, dann kann er sogar dabei draufgehen. Die Verführung birgt zwar auch die Todesgefahr; sie ist jedoch viel entscheidender: wer außerhalb der Verführung steht, verliert die Möglichkeiten zum Spiel.
Der Mangel an Lust kann sublimiert werden; es lassen sich Substitute finden und die Sexualität kann in anderen Metaphern auftreten. Das System des *Austauschs* bietet die Möglichkeit des Tausches; aber das gilt nicht bei der Verführung, denn sie stellt gerade keinen Austausch, sondern eine Herausforderung dar. Bei der Verführung kann es kein Gleichgewicht oder Optimierung der Tauschbeziehungen geben. Für die Sexualität ist dies zwar schwierig, aber immerhin möglich. Wenn es keine Verführung mehr gibt, ist dies ein "tödlicher" Verlust. Tot sein heißt nämlich: nicht mehr verführen bzw. verführt werden können.

Editorische Notiz:

"Le Malin Génie de la passion", nach dem Manuskript des Autors
"Les abimes superficiels", in: "La Séduction", hg. von Maurice Olender und Jacques Sojcher, Paris: Aubier 1981
"La forme sismique", aus: "Confrontation", No. 7, Paris 1982
"Le fatal ou l'imminence réversible", aus: "Traverses", No. 23, Paris 1981
"L'éxtase du socialisme", aus: "Libération", 29 und 30. 9. 1981
"La séduction, une stratégie diabolique", aus: "Libération", 22/23. 12. 1979

Wir danken Adelheid Pauwen für redaktionelle Mitarbeit und Clara Neumann und der TAZ für Fotos.

Die Fotos wurden bei einer öffentlichen Vorführung aufgenommen (Kōrindō - Dōjō, Meister Hirai) und von Gerhard Hackner freundlicherweise zur Verfügung gestellt. Die Zusammenstellung wurde von Martin S. Leiby besorgt.

INTERNATIONALER MERVE DISKURS

61	Foucault, Mikrophysik der Macht	DM 12,-
65	Lowien, Weibliche Produktivkraft - andere Ökonomie?	DM 10,-
67	Deleuze/Guattari, Rhizom	DM 8,-
68	Foucault/Deleuze, Der Faden ist gerissen	DM 12,-
69	Lyotard, Das Patchwork der Minderheiten	DM 10,-
71	Cixous, Die unendliche Zirkulation des Begehrens	DM 8,-
75	Lyotard, Intensitäten	DM 14,-
77	Foucault, Dispositive der Macht	DM 16,-
79	Baudrillard, Kool Killer oder Der Aufstand der Zeichen	DM 10,-
80	Virilio, Fahren, fahren, fahren...	DM 9,-
81	Baudrillard, Agonie des Realen	DM 9,-
82	Irigaray, Das Geschlecht, das nicht eins ist	DM 16,-
83	Klossowski/Foucault/Blanchot/Deleuze, Sprachen d. Körpers	DM 10,-
84	Deleuze, Ein Nietzsche-Lesebuch	DM 10,-
86	Klossowski, Römische Damen	DM 10,-
87	Charles, John Cage oder Die Musik ist los	DM 15,-
88	Lyotard, Apathie in der Theorie	DM 10,-
90	Virilio, Geschwindigkeit und Politik	DM 16,-
94	Cixous, Weiblichkeit in der Schrift	DM 12,-
95	Deleuze, Kleine Schriften	DM 12,-
99	Godard, Liebe Arbeit Kino	DM 12,-
100	Szeemann, Museum der Obsessionen	DM 14,-
102	Lyotard, Affirmative Ästhetik	DM 12,-
104	Heiner Müller, Rotwelsch	DM 16,-
107	Genet, Fragmente	DM 6,-
109	Foreman, Warum ich so gute Stücke schreibe	DM 12,-
110	Seitter, Der große Durchblick	DM 12,-
111	Kostelanetz, American Imaginations	DM 12,-
112	Baudrillard, Laßt Euch nicht verführen!	DM 12,-
113	Barthes, Cy Twombly	DM 10,-
114	Lotringer, New Yorker Gespräche	DM 18,-
115	Charles, Musik und Vergessen	DM 12,-
116	Virilio/Lotringer, Der reine Krieg	DM 16,-
118	Fitzgerald, Der Knacks/Deleuze, Porzellan und Vulkan	DM 8,-
119	Seitter, Lacan und	DM 8,-
120	Szeemann, Individuelle Mythologien	DM 16,-
121	Foucault, Von der Freundschaft	DM 12,-
122	Cage/Charles, Für die Vögel	DM 24,-
123	Lyotard, Immaterialität und Postmoderne	DM 10,-
124	Böhringer, Begriffsfelder. Von der Philosophie zur Kunst	DM 12,-
125	Kneubühler, Malerei und Wirklichkeit	DM 16,-
126	Veyne, Aus der Geschichte	DM 12,-
127	Vuarnet, Der Künstler-Philosoph	DM 18,-
128	Kneubühler, Wegsehen	DM 18,-
129	Lyotard, Malerei u.Philosophie im Zeitalter d.Experimentierens	DM 15,-
130	Kostelanetz, Autobiographien. Berlin - New York	DM 15,-